前 言

　　我的工作是投资理财。现在在名为"全球资产配置"（Global Asset Allocator）的国际分布投资领域里，当一名基金经理（Fund Manager）。我从事投资理财工作已达二十年之久。

　　我本着追求回报和规避风险的原则，日复一日地埋头理财，目的就是尽量减少因金融商品"前途未卜"的不确定因素导致的利益亏损。

　　在多年的理财经历中，我渐渐找到了自己的感觉。有助于投资理财的知识和经验，莫过于"积累"和"援引"博大精深的世界史知识，而不是埋头分析当前的市场信息。

　　眼前有许多基金经理日理万机，忙忙碌碌，而我作为其中一员也是这么过来的。可我越来越觉得，在投资理财上如果缺乏源自"世界史观"的大局观念，就不可能让自己的业绩永远保持上升势头。

这本书以"历史"为突破口，阐述了钱的本质、虚拟货币的未来，分析了通货膨胀和泡沫等经济现象，回答了历史上反复出现的经济形势变化类型以及金融领域的未来走向等一系列现实问题。

社会上已经出版了许多本介绍货币历史的书籍，但我觉得阅读这些书所能收获的不过是一种对世界史知识的"积累"而已。

当然，懂得钱的历史对于投资人而言非常重要。但是，**本书没有停留在知识的"积累"上，而是注重知识的"援引"，对具有实践意义的知识和能力进行深层次剖析，让它们在读者朋友们投资理财的过程中发挥立竿见影的作用。**

我认为，正因为自己是一名每天都离不开投资理财

一流投资家
用「世界史」赚钱

[日] 冢口直史——著

王冬——译

国际文化出版公司
·北京·

的现职理财经理，所以才有资格以现身说法的形式，将这方面的心得体会介绍给正在投资理财的读者朋友们。

举一个比较具体的例子吧！

我们的世界正处于激烈的变革之中，日趋凸显的社会问题之一是社保养老基金等机构投资人的资产应该如何运作。

以日本为例，国民存放在理财机构里的大部分资产，目前采用所谓"静态分布投资"的运作方式进行管理，但这种理财方式已经过时，有些问题正在陆续出现。

这种运作方式总是将列入投资配置的资产保持在一定比例上，比如股票占四成、债券占六成，已经形成一种模式，任何时候都是一成不变的。

为了保持此前确定的资产配置比例不变，市场行情越是走低，越会继续买进，于是，综合投资配置的风险便有进一步扩散的危险。

实际上，在"雷曼事件"引爆世界金融危机时，许多社保基金的资产运作因为使用这种滞后的静态理财方式，导致了伤势蔓延，出现了大面积亏损。

在这十年间，欧美各国出于对"雷曼事件"的反思，开始重新启用大动荡时代曾经采用的理财方式。

这就是所谓的"动态分布投资"。

这是一种与时俱进的理财方式，即在投资配置上大胆洗牌。这种动态分布投资方式的难点在于改变资产配置这种日常管理的难度急剧加大。于是，我认为解开日常管理这道难题不可或缺的条件，正是本书将要阐述的一个关键问题——世界史观。

所谓世界史观，指的是通过广泛深入地学习历史知识，掌握事物因果关系的不同类型，从而最大限度地逼近事物的本质。

例如，A 事件发生后，B 事件接踵而至。如果我们尽可能多地掌握历史上已有的类似案例，便可捷足先登、底气十足，将新的投资计划迅速安排到自己的投资配置中。

通过反复运作，积累经验，你会发现自己在"动态投资配置"中已经游刃有余，可以在符合时代潮流的分布投资上收获最佳的配置结果。

这本书意在介绍不同历史时期的各种案例，同时告诉读者，在目前扑朔迷离的金融市场上，如何一边排除"预期外"的各种情况，一边投资理财，也就是通过对焦点问题的具体剖析，帮助大家把世界史的知识成功"援引"到投资理财上。

家口直史

目录

第四章 >>>

如何应对两种类型的股市下跌

第五章 >>>

从历史中学习——通货膨胀与利率

第六章 >>>

从钱的历史中思考虚拟货币的未来

第1章

向 18 世纪的法国学习

"钱的本质:"

投资人应该首先了解 "钱的本质"

通货紧缩和负利率等以前在教科书上也难得一见的极端经济现象，现如今的我们却司空见惯。

那么，可判断为反常的这类现象，根源在哪里呢？

其根源就是 "钱"。

具体而言，是指纸币（Paper Money）。我认为只有搞清楚纸币的价值源于何处，才能更加准确地接近世上正在发生的事情的本质。

纸币，指的是用纸制成的钱。早在 100 多年以前，用黄金之类的贵金属铸造的硬币是主流货币，因其本身价值与贵金属相同，所以人们能够将其作为钱而广泛使用。

然而，纸币毕竟是用纸印制的，一张面值为 1 万日元的钞票，其本身价值包括印刷成本在内也不过区区 20 日元左右。单就纸币而言，其本身并不具备面额上的价值，其余 9980 日元的价值，则是纸币的附加价值。

让纸币变为钱的三个条件

说起什么是纸币的附加价值，且看以下三条。

即：**“价值交换”“价值尺度”“价值保存”**。当您以不使用钱的，以物换物的社会为基准时，用钱的便捷和优势将得以显现。

因为在以物换物的过程中，在自己真正想要的物品到手之前，应该先把对方想要的物品备妥。在自己所需的物品与对方所需的物品实现匹配之前，中间还需要一系列的以物换物的周转环节，浪费了人们大量的精力和时间。

在设法节省这部分精力和时间的过程中，9980 日元的一部分价值得以形成，这便是"价值交换"。

于是，许多人开始使用相同的钱，以钱为基准，将许多物品明码标价。这时候，人们的精力得以进一步节省，这便是"价值尺度"。

随后，当人们相信从古到今，乃至将来，这种花钱购物的情况都不会发生改变，而且在继续完善的时候，便开始存钱。当自己想要什么东西的时候，随时可以用钱得到，于是，钱的价值在这里得到了进一步的体现，这便是"价值保存"。

这里的"价值保存"也含有保存纸币本身的意思。如果钱也像泡沫一样说没就没了，那事情可就糟糕了。

我们将在本章回顾"纸币的历史"，因为谙熟历史是我们了解经济本质的最简单的方法。在回顾纸币历史的过程中，我们可以逐步地对当今的流行话题——虚拟货币的本质意义，以及它将给我们未来生活带来的影响，了然于心。

"纸币之父"——约翰·劳

约翰·劳（1671—1729）

距今大约 300 年前，有位名叫约翰·劳的苏格兰人在法国发明了支撑现代社会运转的纸币。

以纸币的投入使用为契机，法国在短短几年内，令其规模相当于全国年度财政总收入的 30 亿里弗尔的国债几乎归零，一举改善了前人未竟的财政状况。

纸币为什么具有如此惊人的功效？法国政府究竟对财政经济施加了怎样的魔力呢？

在兴建凡尔赛宫并与周边国家进行不断的战争后，路易十四于 1715 年去世，留下了巨额债务。其后，法国处于国家财政濒临破产的危机之中。这时候，约翰·劳提交了一份解决当时财政赤字问题的具体方案。

约翰·劳是一个生性嗜赌，靠赌牌敛财的赌徒，曾转战佛兰德斯[①]、荷兰、德国、匈牙利、意大利、法国

---

① 佛兰德斯（Flanders），西欧历史地名，泛指古代尼德兰南部地区，位于西欧低地西南部、北海沿岸，包括今比利时的东佛兰德省和西佛兰德省、法国的加来海峡省和北方省、荷兰的泽兰省。（本书若无特别说明，均为译者注。）

等欧洲各地。其间，他与各国上流社会交往甚密，其中就包括当时的法国摄政王奥尔良公爵菲利普。

约翰·劳凭借自己与生俱来的社交本领和经济学方面的知识，博得了奥尔良公爵的信任，后来又彻底改变了法兰西的命运。

辗转各国的约翰·劳早已感觉到成摞的金币太沉，不利于随身携带，如果换成纸币进行交易，可就轻松多了。

后来，他的这个想法终于成熟了，他在荷兰阿姆斯特丹时看到了"纸币本身能够产生经济附加价值"的现象，并从中受到了启发。

钱的周转速度下降，经济陷入低迷

在当时的荷兰，如果人们把黄金寄存在金铺，就可以领到一张存款证明书，这张证明书本身便可以作为货币在市面上流通。

随着货币交易增加，经济活动变得更为活跃，即货币流通速度加快。这种增加流通的方法，可以通过抑制交易时产生的摩擦，即降低货币的持有成本和交易成本，来得以实现。

在国际贸易一片繁荣时，欧洲各地相继出现的"黑字破产"现象，成为严重的社会问题。尽管商品十分畅销，可是由于手里缺少硬币不能及时进货，结果错失了许多商机。另外，因为物质条件所限，金币不能及时运送到位，引起资金严重匮乏，因此导致的所谓"黑字破产"现象层出不穷。

当年铸造金币的工厂设在像伦敦一样的欧洲大城市，需要动用马车和货船等运输工具运往各地。有时候会因为下雨道路泥泞造成车仰马翻，有时候途中会遭遇强盗抢劫，或者发生沉船事故。因此，硬币数量不能满足经济发展的需要，资金链断裂导致经济危机的情况屡屡发生。

这种情况告诉我们，经常导致实体经济萎缩的原因，其实是钱的流通速度过缓。但是在阿姆斯特丹，自从有了那一纸随时可以兑换为黄金的存款证明书，经济实体疲软的情况便鲜有发生。

如果不用贵金属或者硬币作为货币，而是用纸币取代，其好处在于有效地降低了贵金属在输入环节上所产生的各种风险。

再者，由于纸币印制方便，随时可以满足货币供应，所以有助于实现顺利的经济循环。

存款证明书是纸质的，分量轻，适合流通，一旦遇到情况还可以兑换为黄金，所以在社会的商品交易中，存款证明书渐渐成为人们手里的宝贝。约翰·劳正是注意到这一点。

随后，约翰·劳创办了通用银行（Bank General），他像金铺老板一样，承诺客商可以随时将纸币兑换成金币。后来，他的通用银行还垄断了纸质货币的发行权，在法国民众中不断提升持有纸质货币的意义。

通用银行发行的纸币作为硬通货（Hard Currency），与可兑换的硬币具有同等价值，发行时慎之又慎，以便能让人们接受。并可以用面额 100 的纸币，交换价值 101 的金币，有了这个附加价值后，纸币越来越受到人们的欢迎。

纸币不需占用太多的空间，又易于保管，用其进行交易有利于降低商业交易成本。于是，人们渐渐认识到纸币的优点。**以前，由于畏惧使用硬币出现的各种风险，所以，潜在的经济需求一直处于被压抑的状态。现在通过使用纸币，这种需求在很短的时间内便在社会上显现出来。**

这种纸币广泛使用后所产生的效果，便是法国经济形势开始好转。经济景气又进一步推高了社会对纸币的需求。

到了 1717 年，纸币的附加值不再是 101，而是上升到了 115，在这种螺旋式上升的趋势下，经济形势不断得到改善。

与此同时，政府也渐渐认识到发行纸币的好处。对于政府来说，发行纸币是一种成本很低的举债方法。

因为以超出金币原来的价格才能买到纸币，所以，纸币的印制应该多于实际流通的金币额度。约翰·劳印制了 10 亿里弗尔的纸币，相当于过去发行额的 16 倍以上。

当然，中央银行持有的金币额度远低于发行纸币的

担保额度，但是只要人们没有成群结队地前来兑换，这
一问题就不会显现。

世界三大泡沫之一的"密西西比计划"

当时，法国急需摆脱路易十四留下的巨额债务。其
赤字之大，仅靠大量发行纸币是不能解决根本问题的。

这时候，政府希望约翰·劳能想出更好的办法。于是，
他想出了第二个主意，以高出实际的价格发行通用银行
股票，向社会融资，然后贷给国家，这种机制便是债转
股交易（Debt Equity Swap）。

结果，政府的财政赤字被一扫而光。但是，这个办
法只是一时有效，后来成为法国大革命的间接诱因，等

于给法国社会带来了一场大动乱。

1717 年，约翰·劳低价收购了毫无发展前途的密西西比公司，将其改造成负责开发法属北美殖民地——密西西比河口周边地区的新公司，并且更名为西方公司，开始了新的经营活动。

人们普遍相信，位于北美的法属密西西比地区与加拿大接壤，矿产资源极其丰富。

法国政府保证西方公司对北美与西印度群岛之间的贸易垄断权，并且委托该公司负责开发这个地区。

1719 年，通用银行更名为皇家银行，并在所有权等方面进行了内部改组。于是，一个综合性的商业实体并带有中央银行性质的、集各种权力于一身的国营殖民地开发公司——"印度公司"诞生了。

新成立的印度公司拥有密西西比河、路易斯安那州、中国、东印度群岛和南美的贸易垄断权，为期 9 年的硬币铸造权和国税征收权，烟草专卖权等，并通过垄断密西西比河一带的开发和贸易，产生了巨大的财富。加之有了如此完美的市场效应，人们对该公司即将上市的股票充满期待。

1719 年，印度公司的股票以每股 500 里弗尔的价格公开发行。

接下来约翰·劳想出了更为绝妙的办法。按照他的规定，印度公司的这只股票还允许使用曾经几度因债务破产而遭冷落的垃圾债券——国债"比埃·迪它"购买。

"比埃·迪它"在当时已被列为不适合投资的债券，面额 100 里弗尔的债券，只需支付 21.5 里弗尔便可成交。如果能够用国债购入印度公司的股票，国债的回报率可以略高一些。

申购新股的人们蜂拥而至，实际申购额度超过发行量的 6 倍。当然，股价瞬间暴涨到 5000 里弗尔，相当于发行价 500 里弗尔的 10 倍。

约翰·劳看到新股发行一举成功，又趁热打铁，追加发行了多达 15 亿里弗尔的新股。当时政府的国债为 16 亿里弗尔，这一举措几乎将其彻底核销。

购买股票可以分期付款，也可以支付定金获得认购权。所以，印度公司股票的人气指数直线上升。

于是，这家名为印度公司的国有企业开始持有大量的国债，法国的国家财政每年要向其支付 4800 万里弗尔的国债利息。不过，考虑到收受方实际上是国有企业，所以，实质上等于国家没有支付利息。这样一来，政府可以免于偿还巨额负债的所有利息，其数额相当于法国年度财政总收入的 10 倍，国民生产总值(GDP)的 2~4 倍。

路易十四造成的骇人听闻的财政赤字，就这么神话般地消失了。

　　但是仔细思考，我们不难发现，印度公司完全没有新的资本投入，只不过是那些早已沦为"垃圾"的国债摇身变成了印度公司的资产，新增加的只是股东数量，而股票数量的膨胀又稀释了每股的收益。

　　在公司的借贷对照表上，左侧全部是国债，右侧是资本。

　　本应只是具有国债价值的股价，又进一步脱离了原本的价值，持续暴涨。到了 1719 年年底，股价上涨突破 1 万里弗尔大关。在这期间，约翰·劳又通过皇家银行大量发行纸币，支撑当时的繁荣局面。

　　但是在这个时候，金融局势已经发展到顶峰。1719年冬季以后，有的贵族开始将大量纸币拿到皇家银行兑换硬币。人们开始怀疑，皇家银行的金库里到底有没有与纸币等额的硬币。

纸币失信引起天下大乱的历史

随着人们对皇家银行的怀疑越来越深，各地陆续出现了将纸币兑换成硬币存放到家里的迹象。甚至有人乔装农民，用干草和牛粪将金币和银币裹藏起来，逃到了比利时。

货真价实的硬币资金要么流往国外，要么藏在国内的家庭里，法国国内的实质性货币供给量急剧减少。

约翰·劳试图通过硬币比值抬高纸币价值，努力消除民众的不安情绪，结果适得其反，人们趁机将纸币换成硬币。

最终，在1720年2月，国家下令全面禁止使用硬币。

其后，禁止自由持有硬币的敕令被废止，国家以巴黎市的征税权为担保，发行了2500万里弗尔的新纸币。但是，人们兑换出来的硬币既不是金币也不是银币，变成了铜币。

结果有许多人到银行闹事，暴力事件频发，局势持续混乱，携带金币、银币逃往国外的人络绎不绝。

最后，金融泡沫破裂，"密西西比计划"以失败告终。

约翰·劳落荒而逃，避难于国外，后来又重操旧业，以赌博为生，58 岁时死于意大利的威尼斯。

就这样，"密西西比计划"给社会造成了巨大伤害，并被世人称为世界史上的三大泡沫之一。1715 年以后，尽管约翰·劳的初衷是通过"过度的信用创造"的金融泡沫，实现重振国家财政的目标，但其后果比债台高筑的路易十四末期更为惨烈。破产者层出不穷，最终诱发了因国家失信而导致的法国大革命。

不了解钱的本质，将无法预测未来

眼下的日本，面临着财政不稳、通货紧缩、保护主义、核能利用、地缘政治风险不断升高等各种问题，2025 年还将迎来超级"少子高龄化"社会，1.8 名劳动人口不得不供养 1 名非劳动人口。

处于旋涡中的日本动荡不安，我们应当做些什么？应当怎么做？信息化社会造成信息泛滥，让人们莫衷一是，哭笑不得。现在也好，将来也罢，但愿我们的日子还能够与从前一样。

这不正是许多日本人已经切身体验到的现实社会吗？

我一直在俄罗斯开展商务活动，亲身经历了俄罗斯在短短的一年里通货贬值过半，市民生活每况愈下的过

程。我一直在仔细观察俄罗斯社会，它如实反映了世界
形势的动向，对通货变化的敏感程度也非同寻常。正因
如此，我更能实际感受到，这个唯美国马首是瞻的单极
化世界正在一天天走向终结。

这个时代一切以经济为核心，每时每刻都在发生变
化，但是，在这个时代发展到爆发社会性的大变革之前，
人们是难以察觉到这些变动的。

国际金融市场立足于超高度的货币经济，我们以这
个市场为基础，形成了国民社会。我们在每天的新闻报
道里，紧盯着汇率和日经平均股价指数的曲线不放。

**生活在超级资本主义的环境中，如果我们对构成这
个世界基础的纸币缺乏起码的了解，就不可能明白自己
在当今世界所处的位置，更无法预测未来世界。**

我之所以从约翰·劳的故事说起，就是想先让大家
知道"纸币为何物"。

不了解"纸币为何物"这个基本问题，对于即将到来的世界也就毫无感觉，即便有所准备，恐怕也不会一帆风顺。**我们花费许多时间，每天辛勤劳动，所挣到的"钱"这种东西的信用价值，依存于纸币发行者的道德操守。**

像约翰·劳那样，无视发行纸币的道德操守，即"将纸币的发行额控制在黄金持有额度以内"或者"将纸币的发行控制在国家征税权范围内"，而是在超过一定规范后仍无节制地发行纸币，这样的人一旦把纸币发行权揽到了自己手里，等待他们的也许只有天下大乱了，正如同我在本章里讲过的那场乱局。

现代社会是在不能兑换为金银等贵金属的纸币上建立起来的。

从所谓投资的角度来看，投资具有可以担保中央银行独立性的法律的国家货币，或者以该货币进行交易的

股票、债券和房地产等金融商品，都是有益的。

如果这个世界的不透明性越来越强，那么，相对独立于政府的中央银行，或许是创造通货信用度的一个非常重要的因素。

本章介绍了纸币出现的历史。这部分知识对于我们研究虚拟货币的前景也非常重要。详细内容我将在第六章里再做阐述。

第 2 章

向荷兰黄金时代学习——为立足于 21 世纪而投资

出现在当今世界的"去全球化"趋势

目前，美国的特朗普政权正在竭力将经济的船头转向保护主义，其主要表现为有步骤地削弱世界贸易组织（WTO）、北美自由贸易协定（NAFTA）以及跨太平洋战略经济伙伴协定（TPP）等国际合作贸易框架的作用。

在这种趋势的背后，一场从"全球化"到"去全球化"的"地壳变动"，正在当今世界里悄然发生。

20 世纪 80 年代以后的世界经济是围绕国际分工体系发展起来的。贸易和金融把世界联系在一起，在各国的分工体系中，让人们与世界形势不断接轨的所谓经济全球化潮流，在 21 世纪信息革命的推动下一浪高过一浪。

大卫·李嘉图（1772—1823）

这里所说的国际分工体系，采用的是 19 世纪英国经济学家大卫·李嘉图提出的"比较优势理论"。简言之，其基本思想是"每个国家都专注于本国所擅长的领域，其成果大家共享"。

假设一个打字水平世界第一的律师，遇到了一个能力平凡的打字员，那么，这个律师应该雇用这个打字员吗？

对于这个命题，李嘉图的回答是"应该雇用"。

因为律师应当把自己所有的时间都用在律师专业上，即使为打字员支付薪金，他也仍有希望获得更大的利益。而那个打字员也因为承揽了打字这份工作而有了收入。

这时候，也许有人认为，既然这位律师先生在律师业务和打字水平上都比打字员优秀，即所谓的"绝对优势"。所以，这两项工作最好还是由这位律师"一肩挑"。但是别忘了，一天只有 24 小时，在这有限的时间里，对所有工作大包大揽是不可能办到的。在这段时间内，打字员对律师而言，在打字业务上占有相对优势，即所谓的"比较优势"，由打字员承担打字工作，有利于提升整体的生产水平。

这便是同样适用于国际贸易的"比较优势理论"。

但是，特朗普摇旗呐喊竭力推行的保护主义，让迄今为止先进国家苦心构筑的国际分工体系土崩瓦解，进而限制人、财、物等经济资源在国际范围内的流动。其结果只能导致"全球化"向"去全球化"逆转。

照此下去，"去全球化"将给世界带来产量减少和物价上涨的恶果。比如，依靠廉价劳动力以大量生产的中国产品，将被置换为高工资的美国产品，其物价上涨的恶果并非难以想象。

其实，这场"去全球化"的"地壳变动"并非第一次出现。从大航海时代世界经济连为一体的时候开始，我们就像钟摆一样在自由贸易和贸易保护之间来回摆动。

纵观历史，我们明白了一个道理：在这种重大的转折时期进行合乎时代潮流的投资，才能够创造出巨大的财富。

世界经济的政治困局

那么，当世界政治经济的潮流将要发生巨大变化的时候，我们应当选择怎样的投资方针呢？

首先需要掌握潮流的方向，援引下述观点便可以辨清这个方向。

在土耳其政治经济学家丹尼·罗德里克提出的想法中，有一点叫作"世界经济的政治困局"，**其核心思想是，同时追求全球化、国家主权和民主主义的"三全其美"是不可能的，所以只能被迫选择其中的两种。**

这里所说的"全球化"，指的是无限追求经济产出；其次的"国家主权"思想，指的是牢固树立事关贸易和通货的国家主权思想；而最后的"民主主义"思想是将国内民众的普遍意见反映在政治上。罗德里克主张，在这三种思想中选择哪两种，取决于世界政治经济潮流的走向。

这时候，可以列出的组合有以下三种。

①"国家主权 + 全球化"

这个组合与民意无关，是以市场为导向的政策，着眼于放宽管制，以加强国际化分工。这适用于从第一次世界大战结束到世界经济危机爆发，以及"后冷战"时代推行金融资本主义的世界。

②"民主主义 + 国家主权"

这种组合的要点是限制全球化的蔓延，各个国家在进行经济运作时，民意成为主要着眼点。1929 年的世界经济危机之后的世界，以及现在特朗普政权下的美国，都属于这种组合形式。

③ "民主主义 + 全球化"

这种组合的核心是在引进全球化的过程中，顺应双方的民意，共同制定市场 / 货币一体化等国际分工体系的框架。

在世界史里探索今后的世界潮流

上述三种组合中，哪股潮流有希望支配今后的世界呢？

我认为，目前的世界潮流是"国家主权 + 全球化"，今后的世界将从这里出发，朝着"民主主义 + 全球化"的方向发展。

顺便指出，当信息革命席卷全球时，属于"民主主义＋国家主权"的僵硬而封闭的保护主义，是一种最为令人难以接受的方法。特朗普总统和英国首相特蕾莎·梅①的政策之所以立刻导致了国民的严重分裂，正是因为他们采取了这种不识时务的组合。

2017 年春的法国总统选举则是这种动向的集中反映，极右分子、国民阵线的玛丽娜·勒庞在大选中败北，埃马纽埃尔·马克龙当选总统。

现如今，尽管仍不甚明朗，但我们还是看见了未来世界的走向是选择稳健的全球化发展道路，而非从极端的全球化中逃离，或是所谓通往保护主义的极端反动路线。现在人们可以看到，世界发展趋势在反映民意的同时，正在沿着全球化的路线徐徐前行。

① 2019 年 7 月 24 日，鲍里斯·约翰逊正式成为新任英国首相，特蕾莎·梅离职。（编者注。）

那么，身处这种大环境中的我们，如何大干一场方为上策呢？说起预测瞬息万变的今后世界应有的投资方式，没有能比荷兰黄金时代的那段历史更富有启示性的了。

从荷兰黄金时代里学习今后世界

在被称为"荷兰世纪"的 17 世纪，日本并不是在荷兰的武力逼迫下打开国门的，而是在尊重民意和了解彼此的利害关系的同时，在双方达成共识的基础上，日荷两国共同登上了全球化的舞台。

当时的荷兰拥有世界上最强大的海军，在海上作战中拥有绝对制胜的把握。但是，面对陆军实力雄厚的日本，荷兰也只能采取软磨硬泡的外交手段。当今的全球化是在核力量均衡的前提下，以不行使武力的形式得以实现的，而当年的全球化也与现在的情形相仿。

当时的日本经过织田信长和丰臣秀吉的先后统治，正处于资本主义萌芽时期。全国规模的金融市场体系已经建立，在德川·丰臣的"双重政权体制"下，商业资本逐渐形成，白银的开采和提炼技术也不断革新，货币供应量迅速增加。这个时期，集中到中央的大量资本急需有人运作。

同时期，荷兰的商业资本也趋于成熟。荷兰这个欧洲的新兴国家也开始发展资本主义。毫无疑问，对于渴望白银的荷兰来说，与日本进行交易往来正是获取银币的最佳时机。

当时的荷兰被称作尼德兰（现包括荷兰，比利时等地区），商业贸易以毛纺织品的出口为主，但是苦于来自宗主国西班牙的重税和宗教镇压。终于，荷兰向西班牙宣战了。在这场独立战争中，荷兰得到了英国的支持，到了 1581 年，北部七州（今荷兰周边地区）宣布独立。

但是，双方的争端并没有就此结束。西班牙的经济封锁一直持续，此前从新大陆流入荷兰的白银、从亚洲进口的香料彻底失去了来源。更为严峻的是，当时的国际贸易都用白银进行结算，对商业大国的荷兰来说，当务之急是设法得到更多的白银。

这个时候，荷兰注意到了日本。当时，尽管世界的白银有六成产自西班牙统治下的南美的波托西银山，但是，日本的白银产量已经占到其余的三成。为了与德川·丰臣"双重政权体制"下的日本进行贸易，荷兰于 1602 年成立了荷兰东印度公司。

荷兰为什么能与锁国的日本结为贸易伙伴?

荷兰东印度公司从荷兰联邦议会获得了从南非好望角经麦哲伦海峡到远东地区的贸易、军事、货币铸造等权限,坊间纷纷预测其行情看涨,掀起了一场对荷兰东印度公司的投资热。

当然,在这背后也有公司的苦心运作。荷兰东印度公司将每一份出资权分割为名叫"股份"的证券,让那些零散资金也有资格投资。他们还规定这种股份并非拥有无限责任,可以自由转让,具备了与现在的股票相同的性质。

经过这番苦心运作,荷兰东印度公司作为世界最初的股份公司,成功地从投资者手里融到大量资金。

尽管当时英国已经有了一家东印度公司,但这家公司采取的是每次航海前招募投资者的方式,并非恒久意义上的股份公司。另外，与英国东印度公司首次航海的出资相比，荷兰东印度公司的启动规模是其 10 倍。从这些事实看来，荷兰东印度公司在股东们的长期鼓励下，表现出稳扎稳打、步步为营的经营态势。

以巨额融资为基础，荷兰东印度公司（以下简称东印度公司）重新装备了陆海军，趁着葡萄牙被西班牙征服后毫无防备，成功地将其在亚洲构筑起来的商圈夺为己有。尤其值得一提的是，促成东印度公司的繁荣的最主要原因，在于他们与亚洲最大白银供应国日本之间进行的贸易，这种说法毫不为过。

东印度公司的主打商品是产于印度尼西亚的香料。另外，印度的棉布在当时也有需求，而他们购买这些商品所使用的正是日本白银。

这个时期，日本的"西阵织"等丝织品成为热销商品，所以生丝的需求量大增。于是，东印度公司坐镇福建省和台湾地区，从郑芝龙等贸易商手里收购生丝，转手卖给日本，收取白银，并以这种形式垄断了荷兰的对日贸易。

另外，东印度公司又对德川幕府积极施加政治影响，尤为突出的是军事合作。例如，在 1614 年名为"大坂冬之阵"[①]的战斗中，他们将荷兰造的大炮借给德川家康，用来轰击丰臣秀赖镇守的大阪城天守阁，结果促成交战双方握手言和。另外，在 1637 年的"岛原之乱"[②]中，东印度公司应幕府之邀拔刀相助，从海上用炮火支援幕府军。

东印度公司的这般表现，让德川幕府对荷兰备加赞赏，和气生财的市场条件已经具备，日本将荷兰列为唯

---

① "大阪冬之阵"，1614 年发生在大阪地区的一场战役，属于大阪之战的一部分，交战双方为德川家康领导的军队和丰臣秀赖、真田信繁领导的军队，"大阪冬之阵"以双方议和告终。

② "岛原之乱"，发生在 1637 年到 1638 年的九州地区，是江户幕府期间民众为抵抗幕府和诸藩的横征暴敛、迫害基督教徒的一次大规模起义，虽然起义以失败告终，但也促成了幕府锁国体制的最终完成。

一的通商国，对其他国家则采取闭关锁国政策。

经过东印度公司的不懈努力，此前由葡萄牙掌控的亚洲商圈几乎成为荷兰一统的天下。在公司成立后的短短 3 年内，将预期股票股息率从条款规定的 5% 增加到了约 80%。

仰仗如此高的股息，东印度公司的增资一帆风顺，公司成立不到 10 年便成功，筹集到达原始资本 5 倍的资金。就这样，荷兰东印度公司在 17 世纪的 100 年间，始终保持 20% 以上的平均高股息。

武力强弱姑且不论，正是由于东印度公司的坚持不懈的谈判和拼命努力，引导荷兰走上了一条繁荣的道路。他们没有屈服于西班牙等军事大国的经济封锁以及以保护主义为名的破坏捣乱，而是以共同付出金钱、勇于冒险和尊重伙伴国的外交力量，终于让荷兰跻身世界霸主之位。

在 17 世纪上半叶，处于鼎盛时期的荷兰几乎控制了世界贸易的一半，聚敛的财富不计其数。

有钱无处投资，是泡沫经济的祸根

其后，阴云也开始笼罩在处于极盛期的荷兰上空。17 世纪初世界产银量的停滞是一个不祥之兆，日本和南美也逐渐陷入白银过度开采的困境中。

世界的白银产量从 1620 年的 40 万千克到 1650 年的 25 万千克，30 年间减量 40%。作为国际通商货币的白银的产量减少，导致海上运输业的低迷，而英法两国对荷兰实行的军事打击更是雪上加霜，这对荷兰海上运输业的衰落起了决定性作用。

此后，荷兰的部分资本走投无路，不得不从海运抽身，转而投注国内市场。这就是世界最早出现的泡沫经济——赫赫有名的"郁金香泡沫"。

当时的荷兰对奥斯曼帝国栽培的郁金香球根情有独钟，并进行大肆改良，使其成为人们的投机对象。于是，郁金香球根的价格不断上涨，顶级球根的价格甚至比一户民宅还要昂贵。

郁金香球根的价格一路飙升，高涨到连植物爱好者都买不到的价格。不久，买主们销声匿迹，彻底打乱了需求和供给的平衡。1637 年 2 月 3 日，郁金香球根的价格突然暴跌，贩卖和炒作球根的人们陷入恐慌，结果荷兰政府也被卷了进来，进一步发展为严重的社会问题。

如何面对经济全球化？

回到 21 世纪的今天。现在我们体验到了，极端的全球化绝不可能走远。

"后冷战"时期，美国主导的金融资本主义已经走到了尽头，房地产泡沫和证券化泡沫已招致"雷曼事件"的形式破裂。其后，由于全球化和科技进步，美国的收入差距扩大。在 2017 年的总统大选中，特朗普巧妙地化解了人们的不满情绪，当选为总统。

还有欧盟正面临国家主权和通货发行权处处受到制约，金融和财政政策不尽如人意，移民管理举步维艰等状况，欧洲人的焦虑不安促使右派一跃而起。

历史上早已有了这方面的教训，即便是牺牲民主主义为全球化让路，也势必会招致全球化的反向作用。

而另一方面，全球化不断持续的后果在历史上也有前车之鉴。维持舒适生活的物质条件和服务设施，只有通过世界贸易、金融一体化以及信息革命才有可能实现，全球化与我们的生活已经密不可分。

因此，我们应当从方法论的角度去思考"如何面对经济全球化"这个问题。

在极端全球化走投无路的今天，只有对话才是唯一的出路。

我能想到的是，各个国家只能从本国的实际情况出发，静下心来，投入一段时间，取得国民的理解和接纳，逐步与世界接轨，实现全球化的目标。

我认为在这种时候，需要学习 17 世纪世界霸主荷兰的精神，充分发挥百折不挠与坚韧不拔的谈判能力。因为通过自由贸易统一起来的世界正在试图恢复自己的原貌。

有人说得好，仅凭生产一部好车，提供优质服务，并不能让世界走向繁荣。只能在兼顾双方立场的同时，踏踏实实地坐下来与不同国家反复谈判。然而，这种情况在旁观者眼里，无异于一个生产效率低下的世界正在到来。但是在当前核武器扩散，甚至大国也无法行使军事实力的条件下，乘上全球化浪潮的唯一办法是各国彼此尊重、友好协商。

当前，从制造业到服务业的产业转型方兴未艾，在服务业中，规模经济不起作用，难以增加就业人口。结合今后人工智能（AI）和机器人科技不断进步等因素，中等阶层的收入恐怕难以继续提高。

当人们的收入增长困难在世界范围内蔓延之时，社会的可持续发展便成为一道难题。正因如此，为了避免经济全球化的反向作用，现在已经到了国家必须出手遏制过度追求高效率和跨国企业垄断化的时候了。

"全民炒股"的大环境将不复存在

请大家回忆一下本章前半部分说过的一句话，"合平时代潮流的投资，才能够创造出巨大的财富"。今后，尽管全球化仍在继续，但是如果再像以前那样追求效率，那么遭遇民意阻拦的案例还会出现。因此，大家应当时刻牢记"全民炒股"的大环境已经不复存在。

例如，优步（Uber）公司很可能与当地出租车行业形成竞争，而亚马逊公司（Amazon.com）也有可能与当地同业争夺消费者，这些公司举世界之规模追求经济效益最大化的商业运作模式，让人们唯恐自己的饭碗被抢走。于是，如实反映这些民意的各国政府也有可能逼迫它们退出市场。

其中便有这么一例，出现在巴塞罗那市强化城市管理上。在这座城市里，相继有不少房东企图将老住户赶走，然后通过爱彼迎（Airbnb：全球民宿短租预订网）

将房屋高价出租给外国游客，进而引发了不少问题。其结果就是该市有关部门决心对全市民宿业严加管控。

今后，当这类超越国境的全球企业与当地发生争执时，其仲裁结果可能会越来越优先考虑当地多数人的利益。

切勿对蓄意破坏市场价格的企业进行投资

资本主义特征在于通过使累积的资本循环以追求利益最大化。善于发现和不断扩大可消费资本的空间，是发展资本不可或缺的条件。

因此，在资本主义的驱使下，人们不断发现投资机会并且趋之若鹜。正因如此，才出现了如荷兰"郁金香泡沫"之类的投机行为，甚至还导致类似出兵朝鲜、世界大战等极其荒唐又悲惨的事情发生。

即使是现在，因全球量化金融政策放宽而膨胀的资本，仍在引发负利率政策及其接踵而至的债券泡沫，招致财政秩序的懈怠，创造了历史最高的债券发行余额。

我们的社会既然奉行的是"金钱至上"的资本主义路线，那么"资本积累→资本投入→资本过剩·获利减少→资本毁灭"这条规律，在任何时代都不会改变。

可以预料在今后的世界里，高速运转的资本在谋求利润效率化、最大化的过程中，将在各国之间到处碰壁，承受摩擦，而且这种情况将越来越普遍。**这就意味着一个由"民主主义＋全球化"组合而成的世界即将到来，资本活动的举步维艰将比以前更加严重。**这个大环境的来临，很容易让追求利润最大化的资本与民意产生冲突。

我预计，金融资本带来的泡沫及其破裂后所造成的经济社会大起大落，将令其在今后承受越来越大的压力。

当今社会，金融市场易于向汇率管理倾斜，物质、服务和资金的逐渐紧俏是必然趋势，这意味着股市正在迎接"冬季的到来"。

现在，追求经济高速增长是时代潮流。我认为在这个时候，一些有价值的项目可以作为投资目标予以考虑。比如，能够提供具有独创性的产品和服务，同时又不影响对方国民就业的项目，或者像小规模金融服务那样，旨在为对方国家创造就业机会和附加值的项目。但是，切勿向那些蓄意破坏市场价格体系的产业投资。

今后有一点或许是至关重要的，即国家在政策层面上，是不是也应该像制定基本收入保障制度，让所有人都能安居乐业那样，通过必要的保障措施，有效预防保护主义的蔓延，努力制止那种巧立名目的无效经济活动招摇过市。

第3章

从"四大景气循环论"中探索日本的未来

从超长期循环论中走来的日本 21 世纪

在宫城县三陆町有一所小学名叫立户仓。

2011 年 3 月的东日本大地震发生时，高达 23 米的
大海啸向这所学校袭来，但是全校师生竟然平安无事，
学校因此远近闻名。原来在海啸来袭前，老师们把学生
们领到了附近的五十铃神社，在来势凶猛的海啸中，唯
有这家神社像一座孤岛时隐时现，让所有师生躲过了那
场灾难。古代人在神社门前的"鸟居"上标明海啸曾经
到达的最高点，并佑护着一代又一代的子孙。

这是一个利用历史知识挽救生命的成功范例。当然，
重要程度仅次于生命的"资产"，也同样能通过了解历
史而得到保护。

这部分历史知识便是"景气循环"理论，属于大学经济学专业的入门课程。所谓"景气循环论"，可以用一句话概括为"历史可以重现"，大致分为以下四种，即所谓的"四波"。

景气循环的"四波"

景气循环的"波"，原本是大学经济类学科的基础知识，我在这里稍微介绍一下。

首先是"基钦之波"（Kitchin Waves），由美国经济学家赫伯特·基希（Herbert Kisch）和约瑟夫·基钦（Joseph Kitchen）提出，指的是出现在库存囤积过程中的景气之波。一家商店如果没有相应的库存可供销售，顾客则会去其他商店或购买其他商品。生意兴隆时，争取更多的进货渠道以便增加库存，生意会越做越火。但其反作用也相当厉害，因为生意一旦冷淡，库存便开始拖企业效益的后腿，这就需要经营者把精力转移到减少库存上去。

这也就是说，即便营业额还没有下滑，但只要没有保持适度增长，商家就会暂停新增订货，社会也将会受到不小的冲击。如此说来，景气显示出与库存周期同步，紧随库存周期上下浮动的能量。

关于"基钦之波"的周期，以前有人进行过计量分析，其结果是大约每 4 年（也有 40 个月的说法）为一个周期，在矿业生产指数和景气动向指数上，这个变化上表现得尤为明显。

其次是景气周期位居第二的"朱格拉之波"（Juglar Waves），由法国经济学家克莱门特·朱格拉（Clément Juglar）提出。"朱格拉之波"常被解释为设备投资循环周期。在本书中，我更想用自己感触最深的"信用周期"来阐明这个问题。

这一波的出现在很大程度上取决于银行的信贷态度。比如，银行通常以附带担保的融资形式面向企业和个人开展信贷业务。而在这种时候，用来担保的资产多为企业和个人所持的房地产。当房地产价格上涨时，银行融资简单易行，这样做等于不断刺激景气上升。

相反，房地产价格一旦开始下跌，银行便失去了提供信贷的积极性，无论前景看起来多么好的新项目，银行的人也会板着脸要求客户提供更多的担保。这种信贷环境的恶化，对经济景气产生巨大的负面效应，让景气出现下滑趋势。

一般说来，"朱格拉之波"的周期约为 10 年。举一个近期的例子。2007 年美国发生次贷危机，面向美国低收入人群的房贷出现坏账，结果诱发了一场全球性金融危机。

接下来是排在第三位的景气周期"库兹涅茨之波"（Kuznets Waves），由俄裔美国经济学家西蒙·史密斯·库兹涅茨（Simon Smith Kuznets）提出。一般认为这个景气波以20年为周期，与楼宇、工厂等大型设施建设需求同步发生。正是因为建设规模大，所以"库兹涅茨之波"对其他生产类部门的波及效应也相当可观，具有长期影响整体经济的特征。前不久，日本一度热议的所谓"博彩业构想"也是如此，由于这个项目的核心是大兴土木，建设包括赌场在内的大型旅游度假综合设施（IR），这类项目有可能培育出"库兹涅茨之波"，所以受到了社会各界的期待。

景气循环的"四波"

名称	周期	主要成因
基钦之波	约4年	由库存变化造成的景气循环
朱格拉之波	约10年	由信用关系形成的景气循环
库兹涅茨之波	约20年	由建设投资引发的景气循环
康德拉杰夫之波	约50年	由技术革新引发的景气循环

景气循环中最重要的 "康德拉杰夫之波"

最后，我想介绍的是本章的重点 —— 苏联经济学家尼古拉·康德拉杰夫（Nikolai Dmitrievich Kondratieff）提出的 "康德拉杰夫之波"（Kondratieff Waves）。虽说 "历史是可以重现"，但是，如果将经济走向比喻为潮来潮去，那么，在 25 年为涨潮期和 25 年为落潮期的前后 50 年间，社会也将发生巨大变化，而概括这一漫长历史时期的理论，便是名为 "康德拉杰夫之波" 的超长期景气循环理论。

我相信从今往后，特别是最近几年，经济学家尼古拉·康德拉杰夫将频繁出现在众多媒体上。在处于时代巨变中的今天，他的观点尤其会成为我们不可或缺的理论根据。

为了在今后多极化和不确定因素增加的世界里一路稳行，我们必须有一个强大的理论依据，否则，我们有可能像在没有路灯的黑夜里开车一样危险。

尼古拉·康德拉杰夫（1892—1938）

康德拉杰夫是活跃在 100 年前的苏联经济学家。正是他在 1922 年的一篇论文中提出了一国的社会和历史会以 50 年为周期不断发展，其中包括处于上升阶段的 25 年和下降阶段的 25 年。这就是经济界常说的"康德拉杰夫之波"。

他的具体思路是，以 50 年为周期的社会变迁，与水库、铁道和发电厂等社会资本投资建设的基础设施使用年限密切相关。

在对水库等永久性的资本货物（Capital Goods）进行投资的过程中，建设规模越大，景气爬升的波及效应就越明显，国民经济则长期处于上升趋势。而且据说这类项目的投资效益可以持续 25 年之久。

那么，等到社会资本投资完成以后，在后半期的 25 年里，社会资本的老化开始显现，出现如道路塌陷、电厂事故以及大规模停电等事件，一直到这些随之而来的陈旧性弊端直观地出现在人们面前的时候，需要投入巨资的社会资本投资将被冻结，由此产生的景气下行压力将长期存在。

其后，由于社会资本投资的基础设施老化程度日趋严重，甚至惨不忍睹，尽管财政预算有苦难言，但是民意要求政府进行大规模投资。于是，政府被迫开始深入研究新一轮社会资本投资的基础设施建设。不容忽视的是，社会资本基本建设投资往往会孕育出新技术，而这将在很大程度上促进社会的发展。

"康德拉杰夫之波"理论所显示的结果是，在这个漫长的过程中，社会资本基本建设投资的更新换代以 50 年为一个周期。当我们从 50 年超长期循环周期的角度思考世界潮流，便不难发现，2018 年这一年相当关键。

从 50 年周期里所想到的日本未来

我已经感觉到了"超长期循环论"这只远光灯的重要性，它能够帮助我们照亮黑夜，排除前方道路的艰难险阻，继续生存下去。日本正处于这种大形势中，从

2018 年起，必须着手治理庞大的社会基础设施。

因为 2018 年对于日本来说，恰恰是明治维新 150 周年。

最初的 50 年，日本从 1868 年的明治维新起步，成为世界上的新兴国家。其后的 50 年，以第一次世界大战结束的 1918 年为起点，日本经济超高速增长。在第三个 50 年里，日本经过了第二次世界大战后的高速增长期，解决了因高速增长造成的负面影响，如环境问题，同时也实现了经济稳定增长的目标，一直持续到今天。应当说，这三个 50 年的划分思路基本反映了大多数日本民众对社会变化的认同，具有一定的说服力。

"康德拉杰夫之波"的 50 年周期，一个如此庞大的框架结构，让许多人仅凭自己的感受也能与之产生共鸣。因为，我们每个人只要对身边生活发生的变化稍加思索，也能够做出一番合理的解释。

自古以来，在生活方式的不同发展阶段，人类对能源用途及其使用价值的认知逐渐提高，且不断丰富。如果以对能源的认知划分时代的变迁，那么大致可分为煤炭时代、石油时代和天然气时代。

进入 18 世纪后，工业革命兴起，以煤炭为能源的蒸汽机广泛应用于工业生产、交通运输和发电，让世界面貌大为改观。工业革命前，人口大半居住在农村，从事农业劳动。工业革命后，超过半数的人口移居城市，许多人成了工厂里的工人。

从农业社会向工业社会的转变推广了工业生产规律的生活方式，比如人们开始按时上下班，还可以享受到规定的假期等。

另外，进入 20 世纪以后，由于人们看中了化工用品的利用价值，石油的用途渐渐拓宽。日化用品大批上市，渗透到日常生活的每一个角落，包括衣、食、住、行。从使用蒸汽机的交通工具（如铁路、蒸汽轮船），到以重油为动力的大型船舶，商品流通已经达到了世界级规模。随着以汽油为动力的汽车不断发展，远途度假消费也成为一种时尚，住宿设施和饮食店日趋完善，游乐园等娱乐场所也被不断兴建，逐渐形成了一个又一个旅游景区。**我们的社会和生活因能源种类与形态的多元化发展，发生了有目共睹的巨大变化。**

第二次世界大战结束后，无论是生产部门还是家庭生活，电能的利用已经非常普遍了，石油用量同样呈现出爆发式增加，其价格也一路见涨。

资源是有限的，人们始终在锲而不舍地探寻天然气之类的可替代能源，用以取代价格高且环境压力大的石油产品，所以，在迄今为止的最近 50 年间，可替代能源的利用范围出现了不断扩大的趋势。

我在后续章节里将有阐述，日本的情况也大抵如此，应用"康德拉杰夫之波"原理，能够对日本能源利用的变迁以及社会生活的变化做出圆满解释。

当前，氢能源为什么举世瞩目？

2018 年年初，我参加了在美国拉斯维加斯召开的世界最大规模家电展——"CES 2018"。CES 是 Consumer Electronics Show 的缩写。

我听说前一年的 CES，世界各地的来宾有 18.4 万人，参展厂商多达 4000 余家。每年的这个时候，主办地拉斯维加斯都会人满为患，酒店价格从平时每晚的 4000 日元一夜暴涨到 15 万日元。2018 年的 CES 也和往年一样火爆，能亲临现场参观就已经很不简单了。

CES 的展馆分别设在经营博彩业的三个综合型度假村里，在 75 万平方米的宽敞展厅里，来自世界各大企业的新产品纷纷亮相，种类繁多。

由于我的时间有限，把如此之大的展览全部看完是不可能的，但我一直在关注与燃料电池和氢能源有关的展位。

与参展厂商及其他众多参展人士不同，我是以投资者的角度，本着景气循环的观点，来考察这些来自世界各地的新产品，以寻找能源新科技的萌芽。

在我看来，氢燃料电池的电力输出不依赖气象条件，有望成为稳定性良好的电源，近年来备受关注。而且，购买这种氢能源产品，还能得到一份难得的"赠品"——有利于减排温室效应气体。正是因为有了这款"赠品"，氢燃料能源才更受人们的青睐。

在美国加利福尼亚州，政府提出了一个新目标，到2030年，上路行驶的电动汽车（EV）和混合动力汽车（PHV）等低排放量车辆将超过500万台，接近于目前的15倍。另外，充氢站将增加到200个。

氢是由元素符号为H的氢原子构成的物质，无色透明，也是地球上现存的重量最轻的一种气体。氢气本身无形，但在水和碳水化合物等化合物中，氢原子的含量十分丰富，可谓目前世界存量最多的元素。

氢在燃烧时，通过与氧发生反应，生成水和能量，却不产生任何副产品，所以一跃成为举世瞩目的绿色能源。制造氢气时，由炭燃烧所产生的非环保流程所带来的危害已得到了妥善解决。因为制氢时产生的二氧化碳（CO_2）可以采用CO_2回收和储存技术并将其深埋于地下，脱CO_2的氢能源完全可以放心使用。

作为天然气的替代电源，氢燃料的开发正在世界范围内积极推进，人们已经开始研究氢能源的各种用途，如利用氢能驱动燃料电池车辆等。

如上所述，所谓氢能，顾名思义，是以氢为原料制成的能源。因此，氢能除了具备绿色能源的优势外，还有一个更大的优点，那就是氢在地球上的分布是最广的。

氢燃烧后生成水，反之，从电解水中亦可得到氢。

除此以外，从碳氢化合物中也能提取氢。所以从本质上讲，氢是取之不尽、用之不竭的无穷宝藏。

因此可以断定，日本在一定程度上也已经具备了能够排除各种地缘政治风险的潜在能力。

当然，氢能也有其短处。实现"氢社会"的最大"瓶颈"是价格。目前，为了压缩氢的体积，必须采用低温液化处理等方式，这方面的成本投入原本就不低，且对大型液化处理设备和专用储氢罐耐久性等方面的安全要求相当严苛，这便导致了成本居高不下。

从建设充氢站网络等氢能源综合利用成本来看，大规模基础设施的投资是必不可少的。公众普遍认为，作为新一代基础设施，其性价比还相差甚远。

但在现阶段，作为降低成本的一种办法，可以倡导人们灵活有效地利用燃料电池。燃料电池利用氢和氧气直接发生电化学反应，同时产生电能和热能，并将二者同时有效地利用起来。

理论上，原料初具的能量可以用到 80%，由此可见，通过减少损耗以降低成本也是积极可行的。

比如，传统的火力发电，经过锅炉和蒸汽涡轮等几个环节的消耗，最终可利用的电能只占全部能量的 35%。与这种情况相反，使用氢燃料后，能够把电能和热能全部利用起来，从而达到减少浪费、提高效率的目的。

进而言之，氢能作为一种生成物，最终只产生水。因此，其生产过程也能确保 "绿色能源" 之优势，即在能源的产生阶段可以做到不排放 CO_2。

目前，有一款燃料电池汽车（FEV）采纳了这种燃料电池的创意，日本已经在世界市场上率先销售。虽然 FEV 是利用氢和空气中的氧结合发电，并由电动机驱动的汽车，但与燃油汽车相比，其能效高，而且在行驶中不会排放 CO_2。

另外，燃料电池汽车与电动汽车一样，还可以将汽车自发的电能提供给外部使用。由于 FEV 自备储氢罐，具有数倍于 EV 的供电能力，在自然灾害等紧急情况下可以随时为避难场所提供电源。因此，FEV 的使用价值也非常值得人们期待。

2014 年，丰田汽车研发的世界上第一辆使用燃料电池的汽车"MIRAI"上市，除了汽车行业，在其他行业里也有类似成果不断涌现，比如取名为"能源农场"的燃料电池热水器已被日本家庭广泛使用。

那么，如果氢能源的利用得到进一步推广，从规模经济的角度来看，单价也有不断下降的余地，再经过一段时间的完善，氢能源综合利用设施有望成为我们这个社会须臾不离的基础设施之一。

我参观了 CES 以后，在拉斯维加斯前往洛杉矶的返程途中，从车窗向外望去，一座座高大的太阳能和风力发电设备矗立在沙漠里，一眼望不到边。拉斯维加斯的用电目标是百分之百依靠非化石燃料解决发电问题，为了在能源问题上实现这个目标，如今的拉斯维加斯正在努力扩大"绿色能源"的使用范围。

特朗普拖了美国能源转型的后腿

有了理念，随之而来的是计划和行动。"脱碳社会"的美好前景已经展现在拉斯维加斯的面前，而这个结果或许令日本深受启发。

只要态度坚决，再付出几十年的时间，"脱碳社会"完全有可能逐步实现。

不过，在美国这样的石油生产国中，对新能源的探索有可能引发与传统产业之间的严重摩擦。在现实中已有迹象表明，特朗普政权为了保护石油产业的利益，正在设法退出旨在防止全球变暖的《巴黎协定》。

我认为，美国的超长期景气循环与日本相比，周期的起止时间并不一致，美国比日本大概要早出半个周期，即 25 年。这种情况是由地缘政治造成的，因为日本毕竟地处远东地区。

实际上，回顾能源变迁的历史，日本较之欧美，其落后程度是显而易见的。例如，燃煤蒸汽机车，欧洲早在 19 世纪初就已经普遍使用，而当时日本的主要能源仍是木炭，直到 1853 年，佐贺藩才造出了蒸汽机车和蒸汽船的模型。

就在同一时期，美国发现了下一代能源——石油。最初，人们把宾夕法尼亚州河里咕嘟咕嘟冒出来的石油采集起来，用作灯油。据说这就是历史上最早的使用石油的例子。

1859 年，艾德温·德雷克上校采用机械开采的方式发现了丰富的油层，石油生产实现了划时代的转变。从此，石油开始取代鲸鱼油成为物美价廉的煤油原料。于是，"淘金热" 一波未平，"石油热" 一波又起，许多人兴冲冲地横跨美洲大陆直奔石油而来。

石油提炼出煤油后所剩的便是汽油。而汽油在当时被人们当作工业废料扔掉了。炼油专家约翰·戴维森·洛克菲勒灵机一动，变废为宝，将汽油用作内燃机（汽油机）的燃料。

内燃机本身是 1876 年才研发出来的新技术，但是，洛克菲勒创办的标准石油公司生产出了廉价汽油，并带动起靠内燃机驱动的汽车等新兴产业的飞跃发展。而 1872 年的日本，刚刚开通第一条蒸汽机车专用的铁路。

其后，石油的利用一发而不可收。到了 20 世纪初，各种船舶开始使用来自于石油的重油，其热能效率比煤炭更高。此外，第一次世界大战期间研发的飞机和坦克，也成了石油需求不断增加的重要契机。

对产油国的依赖，增加了世界地缘政治的风险

那么，问题来了，由于石油已经成为各国社会基本建设的必要能源，那么，对于产油地区的依赖，等于在世界范围内增加了地缘政治的风险。更何况石油已经成为飞机、坦克和军舰等重型武器装备必需的燃料，因此其亦在战略物资里有了一席之地。结果，石油国和贫油国在国力对比中出现了巨大的落差。

尤其在石油输出国和像日本这样的石油输入国之间，出现了本国生死攥在别国手里的忧虑。其实早在

第三章

从"四大景气循环论"中探索日本的未来

1941 年，日本所需的石油已经有大约 80% 依赖于美国，随着日军进驻法属印度支那（今越南），美国彻底中断了对日本的石油输出，日本一度被置于生死存亡的紧要关头。

第二次世界大战后，世界的产油区逐渐被美苏两国一分为二，世界在核力量均衡中进入"冷战"时期。日本在美国的保障下享受着安稳的石油供应，迎来经济高速增长时期。

当时，世界石油的使用量呈爆炸式增长，美国已经意识到石油资源有可能枯竭，开采和生产石油的态度谨慎保守。因此，中东地区逐渐成为世界产油区的中心。然而，长期以来欧美国家认为以色列遭受周边阿拉伯国家的排挤，故而表现出亲以色列倾向。于是，中东产油国对欧美国家的反感越发强烈。

一夜之间，阿拉伯各国与以色列之间爆发了第四次中东战争，中东各主要产油国宣布阶段性削减石油生产，大幅提高原油公示价格，当时是 1973 年。结果，原油价格从每桶 3.01 美元暴涨到 5.7 美元，涨幅高达 70%。其后的 1974 年，这些国家又将原油价格进一步涨到 11.65 美元。

石油价格的暴涨等于给能源严重依赖中东石油的日本经济泼了一盆冷水。本来，始于上一年的列岛改造计划已经造成日本地价上涨，通货膨胀风险加大，而原油价格的暴涨，又让日本面临输入型通货膨胀的直接打击。

这就是历史上所谓的"石油危机"。以此为契机，在包括日本在内的世界先进国家中，因通货膨胀引起的社会动荡日趋严重。在安全保障方面，石油作为战略资源的优势地位也开始动摇。"石油危机"成为推动日本加紧开发节能技术，并且向核能技术研发领域迈进的催化剂。

然而，1997 年美国三里岛核电站事故和 1986 年苏联切尔诺贝利核电站爆炸，让欧美国家深刻认识到了核能发电的危险性。

于是，对放射性核污染谈虎色变的欧洲民众，纷纷要求政府使用其他非化石燃料的能源取代核能发电。1997 年缔结的《联合国气候变化框架公约的京都议定书》（简称《京都协议书》）生效以后，国际社会大力倡导使用不产生温室效应的气体作为能源，太阳能发电和风力发电等源于大自然的电源不断增加。在欧洲，这个比例已经占到总发电量的三成。

日本也不例外，2011 年福岛第一核电站发生事故，在放射性污染面前，核能发电的安全神话不攻自破。尽管迟于欧洲，但探索取代核能的新能源已经成为国家的当务之急。

目前，日本政府已经开始实施减免税收等优惠政策，来积极扶持自然能源和氢能发电的技术开发。

"四波"同期上升的难得机遇

按照超长期景气循环理论推断，2018 年以后的日本已经站在必须全面开展基本建设的十字路口。

另外，在今后的日本，短期、中期、长期、超长期这四个"景气循环之波"将齐头并转，呈现上升趋势。这将是自 1965 年 **"伊弉諾景気**①**"** 以来日本未曾有过的繁荣景象。顺便指出，在最近 100 年里，这种屈指可数的盛世只在日俄战争和第一次世界大战时出现过。

从历史上能源变迁的过程与景气循环论中，我们不难发现，从现在开始为新一代能源基础设施建设的投资做好准备是非常重要的。随着新能源的开发及其使用范围的扩大，日本很有可能在不久的将来迎来一次光辉灿

---

① "伊弉諾景気"，指日本经济高速增长的从 1965 年 11 月到 1970 年 7 月出现的 4 年零 9 个月的经济景气期，也是战后历时最长的景气时期。日本向来有为经济景气命名的习惯，如始于 1954 年的"神武景气"、1958 年的"岩户景气"等。伊弉諾，日本古代神话中的"开国元勋"。

烂的"景气之波"。

日本超长期景气循环与美国相差 25 年，从这种观点来看，日本与传统产业制约下的美国正好相反，在未来的日子里，景气循环上升的东风将源源不断地吹到日本，一次不可多得的重大机遇正朝着政局平稳的日本走来。或许可以说，漫长的挑战才刚刚开始。

第4章

如何应对两种类型的股市下跌

分布投资的"得"，分布投资的"失"

无论如何分散投资，当遇到市场下行局面也免不了发生损失。许多投资信托机构都在对债券、股票和房地产之类的产品进行分散性投资，然而这些投资产品基本上都具有相同的商品属性，即市场一旦下跌，所有产品都跟着下跌。

在这种情形下，即便投资国外股票和债券也不例外，如今全球市场互相连接，在许多时候，日本股市下跌，美国股市也随之下滑。

下面我要介绍的是，在市场下行趋势里逢凶化吉的方法。

回顾历史，许多财阀的祖先都善于与下跌局面为友，最后获得巨大的财富。面对市场下跌，有人严阵以待，有人毫无防备，这就是胜败双方之间的差距。

远的不说，私募基金掌门人乔治·索罗斯（George Soros）曾在 1997 年的亚洲金融危机中暴富，还有美国投资家约翰·保尔森，他在 2007 年美国发生的次贷危机中做空，收获 150 亿美元的暴利，二人因此而名声大振。

泡沫破灭的应对方法

为了防备市场下跌，首先必须仔细了解下跌的两种类型。**一类叫作"做空"；另一类叫作"短线"。**

"做空"是出现在泡沫破灭和"雷曼事件"等金融

危机爆发时的价格变化。在有些情况下，市场可能出现狂跌局面，比如日经平均指数和道琼斯指数就曾一度暴跌到腰斩的地步。索罗斯和保尔森的成功，在于他们面对十年一遇的市场震荡时，冷静、准确且果断地做出了"大做空"的判断。

另一方面，短线发生在景气循环或市场临时调整的局面里，较之做空，其跌幅不大，但也影响股指随行就市下跌一成左右。

虽然这两种类型的下跌都是不可回避的，但也不是没有办法应对。

首先是如何应对金融市场的做空。市场下行时，应当选择逆势上涨的产品作为投资对象。由于这类产品在行情下滑时价格上涨，所以遭遇做空时，这种投资对象收益颇丰，等于减轻整体上的亏损。

而且，还要确定投资对象的收益，选购做空后价格下跌的产品，等到市场趋于平稳、价值趋于回归的阶段时，便可坐等低价买进的产品不断升值。与那些当时按兵不动的投资人相比，这样做能够及时回笼资金。

回笼资金

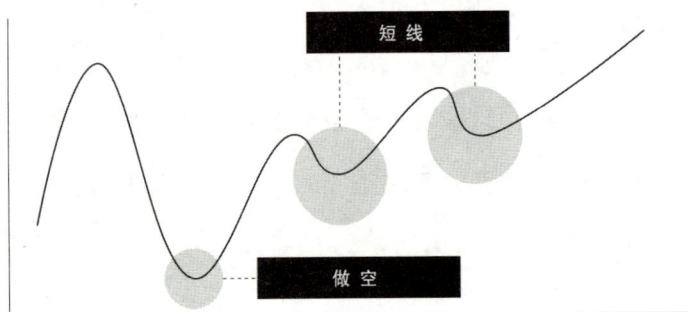

做空：判断 VIX 有利可图，低价买进产品的局面
短线：不畏市场下跌，稳步增购股票的局面

　　因此，我推荐的方法是，将"VIX"（恐慌指数）列为投资对象，配置到投资组合里。VIX 的特征是市场震荡越大，越具有升值潜力，当市场大幅下跌时，VIX 大幅升高。

　　顺便指出，以 VIX 为基准（Benchmark），在基准对比中一决胜负的投资产品——"黑天鹅",是我理财战略的支柱之一。

"黑天鹅"（BlackSwan），指的是无法预料且冲击力强的重大事件。据说在欧洲，人们一直认为天鹅都是白色的，然而在 1697 年，人们在澳大利亚意外发现了黑色的天鹅，这便是"黑天鹅"的来历。

别人惊慌失措，自己闷头发财

假如出现类似 VIX 的市场下行局面，在没有将有利可图的产品配置到投资组合的情况下，"做空"局面到来，投资产品陷入全面下跌的状态，如果在这个时候让你继续投入资金，买进已降价的产品，这种追加投资的做法至少在心情上是难以办到的。

所以，我们不得不承认，在本来就已经人心惶惶的市场环境下，鼓励人们冷静判断局势，继续扩大投资的做法，既不不切合实际，也具有一定难度。

但是，如果有 VIX ，我们就应该有能力做到从容看待市场。于是，接下来的步骤最关键——在做空后 VIX 收益扩大的局势下，必须在坐实这部分收益的同时，将这部分收益用来投资，购买已下跌的股票或房地产等投资产品。

正是在许多人心慌意乱、大脑一片空白，而且仍在疯狂抛售的时候，你才应当鼓足勇气，面对股市的"割肉"局面大胆买进。只有这种敢想敢干的人，才有资格在后期成为富豪。

为了继续买进，必须让自己保持从容不迫，而从容不迫的动力来自上述的"VIX 投资"。只是在"VIX 投资"上必须注意一点——VIX 指数具有大起大落的性质，其投资比例应当控制在投资组合的一到两成。

说到底，投资组合中的"主食"均与股票和债券等实体经济直接挂钩，而 VIX 投资只不过是一种"副食"，比较稳妥的做法是将这种"副食"设定在"保险功能"上，即"主食"失效后"保险"启动。

另外，关于第二类的短线投资，尽管这类投资也往往灵活利用 VIX，但是更重要的一点是在运作过程中，应当具备让时间解决问题的意识。至于短线投资，则很少出现一旦下跌便狂跌不止的局面。

市场一定会按照景气周期的规律逐渐恢复，如果能够牢记这一点，那么，我们完全有理由认为，股价的回归也只是时间问题。

总而言之，如果将 VIX 之类有利于应对市场下行的投资产品视为一种保险，充实到投资组合里，那么，我们就不必惊慌失措，急于抛售手中的产品了。

更何况，当短线产品下滑时，对于那些长期积累陆续投入的人们来说，正是顺风使船的大好时机。对于按月投资一定数额的人们来说，鉴于他们在做空出现时可以低价买入，相对于投资组合而言，等于捕捉到一个适合投资的时机，放眼未来，这些产品可能成为收获大额投资回报的"风水宝地"。

纵观历史，道琼斯平均股价的演变过程一目了然，即使出现过"黑色星期一""雷曼事件"等超级泡沫破灭的恶果，股价在数年之间恢复如初的情况也屡见不鲜。从长期间隔来看，或许可以说，在市场暴跌的低谷里加大投资力度，不失为资产形成的一项重大举措。

另外，在 VIX 风险投资里，ETF（国际 ETF VIX 短线期货指数，东证品牌编码：1552）的知名度较高。但是，这里的 ETF 需要注意：

这只产品的曲线基本上是下行的，具有价格不断下跌的特征，在设计上不宜长期持有。因此，一定要明白这只产品的价格基本上是持续下跌的。

另外，由于这只产品有希望在市场发生冲突时价格大幅上涨，所以在有利可图时，必须当机立断，及时抛出。投资者也应当做好充分的思想准备，因为所谓的适当时机果断出手，但这说起来容易做起来难。

可区分的"做空"和"短线"

下面，我来回答如何区分"做空"和"短线"这道难题。

我认为答案应该是这样的：如果发生资产泡沫破灭的情况，则属于"做空"，除此以外的其他下跌情况，

可以考虑为"短线"。

"做空"是资产泡沫破灭时常见的一种市场表现，所产生的负面效应影响大、范围广、周期长。

另外，我认为资产泡沫破灭以外的下跌情况，基本上可以视为"短线"。

顺便说一句，我写这本书的地方是地中海的岛国——塞浦路斯共和国。

当时，塞浦路斯正在举办国际基金峰会，邀请我到场介绍经验，欧洲各国政府、基金机构、相关产业等人士约有 600 人出席，我向他们当面介绍了自己对资产泡沫及其破灭的研究结果，即本章的主要内容。

塞浦路斯在 2013 年经历了一场史无前例的资产泡沫破灭，引发了金融恐慌，银行存款冻结，国民存款超过 10 万欧元则被当局悉数没收。

塞浦路斯是个小国，人口约 85 万人，国土面积相当于日本四国地区的一半。国家虽小却也是欧盟的成员国之一，在 2008 年启用欧元作为本国通货。

尤其需要指出的是这个国家的 GDP 有七成以上源于服务业，而服务业的主要成分是会计师事务所、律师事务所和金融机构等。这个国家在发展过程中始终作为离岸金融中心，以服务东欧各国为主，为它们筹集资金。截至 2013 年，有高出 GDP 数倍以上的"热钱"从东欧流入这个国家。

塞浦路斯银行等当地金融机构，面对这部分海外巨额资金的具体运作一筹莫展。于是，凭借同为希腊子孙的老交情，他们把这部分资金的大半投向了希腊国债，希腊的通货也是欧元，所以这项投资既无汇率风险，又有高利率的回报。

通货统一为欧元以后，短期利息偏低的欧元在希腊落地生根，这个国家的国债一下子变得十分抢手，所以被人们普遍认定为一种安全资产。

然而，一场债务危机在希腊发生了。"希腊危机"爆发后，希腊国债当即暴跌，事态发展到塞浦路斯金融机构的理财资金根本无法收回的地步。

在塞浦路斯，人们做梦也没有想到投资国债竟然赔钱！

虽说是国债，可是希腊国债一直被超出实体的市值所绑架，物极必反，结果"黑天鹅"升空了。

产生资产泡沫的三个条件

我认为，资产泡沫的产生需要具备以下三个条件。

第四章

如何应对两种类型的股市下跌

一、长期持续的金融宽松政策与通胀调整后的负利率环境

20 世纪 30 年代，为应对"昭和金融危机"[①]，日本政府采取史称"高桥财政"[②] 的财政措施，一度带来"军需景气"。另外，旨在应对"平成金融危机"[③]的超级量化宽松政策，也应属于这种情况。

二、管控放宽、技术革新引起的实体经济变化，以及相对低估的潜在增长率上升的市场环境

历史上曾经有过这样的时期，比如 16 世纪的船舶技术，助长了西班牙置通货膨胀于不顾，大量增加白银

---

① "昭和金融危机"，指日本自 1927 年 3 月起发生的一场经济危机。
② "高桥财政"，指"九一八事变"后，先后在犬义、斋藤和冈田内阁担任大藏大臣的高桥是清所推行的财政政策。他反对前任奉行的金融紧缩政策，采取低汇率、低利率、扩大财政支出等一系列积极财政政策，史称"高桥财政"。
③ "平成金融危机"，20 世纪 90 年代，日本泡沫经济破灭后，经济陷入战后以来最严重的萧条时期。诱发经济萧条的重要原因，便是以金融泡沫的过度膨胀和萎缩为特征的平成金融危机。

供给量，结果给社会带来了一场价格革命。近些年来，属于这种类型的时期更是有案可查，比如自 1995 年"Windows 95"发售和互联网普及以来发生的 IT 革命、数字域名（.com）泡沫和 IT 泡沫等，都符合这个条件。

三、乐观论在市场（债券市场）上扩散，被低估的潜在增长率上升，本应提高利率，可是债券利率却处于低位徘徊状态

遭遇过第二次世界大战期间物价管制经济和战后物价暴涨的日本，以及亚洲金融危机下的东南亚各国，都可以在这里对号入座。

顺便指出，我觉得这三个条件在当今世界将陆续显现。

关于第一个条件，从日欧美英金融政策放宽的状况来看，尽管欧美利率开始正常化，但态度仍然比较谨慎，如果想把利率提升到应有水平，还需要一定的时间。金融政策放宽的状态还将继续。

关于第二个条件，可以预见特朗普总统将推行金融管控放宽政策，并通过对 AI 和机器人研发的投入，实现大规模机械化，带动资本装备率即技术水平的提升，从而推动美国的生产力水平稳步上升。事实上，这些举措已经让实际存在的潜在增长率出现了上升趋势。

最后是第三个条件，有一点正如美国一家实力雄厚的理财公司所鼓吹的那样，作为"新常态"（New Normal），潜在增长率正在下滑，导致利率偏低，这种论调从根本上肯定了物价的走低趋势。这种关于物价走势的极端乐观论，已经开始支撑利率偏低的债券市场，美联储主席鲍威尔也是这种论调的支持者。

我认为在上述三个背景条件下，可以做出资产泡沫正在生成的判断，这是当今世界的一个显著特征。对未来行情走势的乐观态度日趋占据主导地位，低通胀和低利率已带有明显的结构性色彩，而且今后也将长期存在。随着这种观点普遍被人们接受，投资资金流入股票、房地产和高回报债券的趋势，在未来 10 年里将一直继续下去。

但是回顾历史，这种对物价动向所持的超乐观的态度，以及其后流露的超悲观情绪，每每都是交相重复的，这种"泡沫"大概每隔 10 年反复一次。

这 10 年一次的循环与"朱格拉周期"的信用周期是一致的，当银行和企业持续纵容这种乐观论，超过适当的财力水平时，将开始产生金融泡沫，即市值与资产价格实态的乖离。

从 2008 年的"雷曼事件"算起，已经过去 10 年了。可以说，现在历史重演的可能性越来越大。我认为应当趁这个时候精心设计和编排 VIX 的投资组合。

加息，世界不可能同步

进而言之，我所关注的是能够瞬间扭转整个世界的国际货币，其动向是否也在助长低利率乐观论继续发酵？

假如美国打算加息，借以改善处于通货膨胀萌芽状态的实体经济；然而在日本，这种通货膨胀的苗头尚未出现。于是，在经过 IT 革命后国际金融市场极为发达的当下，只需电脑的一个按键，就完全有可能让日本国内的资金立刻涌入利率走高的美国长期债券。

结果，债券市场的长期利率并没有与政策性加息同步上调。看到债券市场的低息状况仍在持续以后，我认为"物价乐观论"犯下的错误已经开始在美国债券市场扩散。

相应的这部分资金，对日本各家银行来说相当于借用，银行将存款视为本金，其资金运作依靠号称"安全资金"的债券完成。

关于日元债券，其中的大部分因执行日银①的负利率政策，利率在0%以下。因此，目前这部分资金的流向不是日元债券，而是外债。另外，在进行外债投资时几乎都附带汇率保值。

这种所谓附带外汇保值的外债投资，尽管情况略微复杂，却也可以直截了当地解释为，它是能够将外债投资转换成日元债券投资的形式。

在外债长短利率差大于日债长短利率差的情况下，外债投资像日债投资一样，不必承担汇率风险，却能收

---

① 日本银行，即日本的中央银行。

获大于日债的利息。

这里所介绍的虽然不同于前文出现的塞浦路斯案例，但由于这是对美国国债的投资，而且被认为是没有汇率风险的投资。因此，在一定程度上造成的所谓"风险可控"的错觉在最近 10 年一直持续着，当这种错觉一旦被人们认定为绝对事实，一场大悲剧将不可避免。

到了 2017 年，美国刚开始加息，日本的银行债券投资组合就出现了巨额损失。2018 年 3 月的银行决算表明，许多投资人因外债投资失败而遍体鳞伤。

另外，一直以来，美国债券市场通过日本各家银行附加汇率保值的外债投资，可以间接享受到日本银行史无前例的"异次元金融缓和政策"的恩惠。即使美国决定政策性加息，由于日本的银行通过认购支持美债，美债市场的走势也一直保持坚挺态势。

即便特朗普政府推行所谓的"散漫财政"政策，不作为或者乱作为，长期利率也不会有多大的上涨空间，所以他始终能够享受到便捷的借款。

如上所述，日本各家银行开展的附带汇率保值的外债投资，并非一帆风顺。

由于外债的长短利率差在欧美利率正常流动中逐渐缩小，通过日本的银行流入的巨额资金开始撤离美债市场。我认为，今后的美债市场一旦出现震荡局面，有利于做空的趋势将更加明显。

正如塞浦路斯曾经支持希腊国债那样，日本的资金也一直在支持美债市场。但是，美国长短利率差的缩小令日本各家银行附带汇率保值的外债投资缩水，其结果是资金流动性被美债市场剥夺。

最终，或许有利于逐步刺破这个号称"一贯支撑股市低利率环境"的泡沫。

　　然而，强迫日本各家银行硬着头皮运作外债的不是别人，正是我们自己。这就等于说，日本庞大的家庭资产是日本各家银行投资外债的背景。

　　说到日本的家庭生活，尽管超低利率让人们几乎无视利息的存在，但他们也没有将手头现金投入到股票和理财产品上，而是让自己的存款越存越多。

　　那么，人们为什么对投资理财无动于衷呢？

　　"投资有一种上当受骗的感觉。"

　　"利率虽然很低，但还是存在银行里保险。"

　　"不愿意炒股，因为有风险。"

　　"为将来着想，现在只能坚持攒钱。"

　　……

类似的声音，我们常在新闻报道中有所耳闻。

五花八门的不安情绪汇聚在一起，让许多人选择了能够保本的现金和存款，这种做法并非不可理解。**但是在我看来，日本人的这种心态是从一个极端走向了另一个极端。**

钱不存入银行而是攥在自己手里，所谓"柜橱存款"越来越多。有人测算过，最近 15 年里，"柜橱存款"的总和多达 43 万亿日元。

金库的营业额在这一两年里增加了 10%，用户以老年人为主。听说最近还有一些用户到金库打听，有没有能够保管几亿日元的大号保险柜。如果任凭这种异常情况继续发展下去，将会造成什么结果呢？

我们希望有钱的三种动机

我们每个人都梦想有钱，而且多多益善，大概没有人跟钱过意不去吧！

那么，我们要钱做什么呢？

我觉得无外乎是以下三种动机。

第一种动机是活在当下，需要购买服务或商品的"交易动机"。

想买件衣服，想吃块蛋糕，想出门旅游……为了满足自己日常生活的各种欲望，手里必须有钱。

第二种动机是"备用动机"。着眼于未来，届时购买所需的服务和商品，现在就要把钱备妥。

"明年准备搬家，所以要攒一笔钱""结婚之前要攒足 300 万"……这笔钱是为今后预备的。所谓"柜橱存款"有助于解除后顾之忧，所以也有"备用动机"的性质。

　　第三种动机是"投机动机"。其基本思路是将来有了合适的理财产品，可以随时用来投资。但是在现阶段，钱或者说成货币，这种东西属于流动性强的资产，一定要长期持有。

　　人们对第一种"交易动机"和第二种"备用动机"也许能够理解，而对第三种"投机动机"表示怀疑。而对投机性动机，我认为有很多人从来就没往这方面想过。

　　但是，我的看法是从今往后，为了让自己生活在美好的未来，"投机动机"将是一个日趋重要的课题。当你有钱没地方花的时候，"投机动机"便开始膨胀。意思是说，在存款利率低、股市投资回报无望的环境下，

持有现金的损失最小。

于是，实质利率与通胀率相加的"名义利率"越低，投机动机就越强。其实，以此为由，容易出现"柜橱存款"，即现金窖藏的现象。

现在，生活在日本的我们身处零利率和负利率的社会环境里。这就意味着当我们从用钱方便的角度看问题时，手头上持有货币的动机会更强烈，毕竟现金花起来最痛快。在零利率和负利率的金融政策下，人们对现金的需求在理论上是无限大的。

如果是正利率，人们将现金存入银行，银行用来贷款，企业获得设备投资所需的资金，其结果将直接或间接地给市场带来收益，形成了完美的资金流动链。但是，在零利率和负利率的社会环境里，这种资金的长期持有的现象，让货币沦为无助于提高生产水平的形式。

如果把话说得更加极端一些，一旦给存款贴上负利率的标签，等于是对"柜橱存款"的变相鼓励。实际上，这种名为"流动性陷阱"的现象也属于金融危机的一种，曾经在 1990 年的下半年让日本经济一蹶不振。

现在，由于银行存款的规模也在扩大，所以"柜橱存款"的增加变得不那么明显了。尽管事实如此，却也说明过去"柜橱存款"增加多少，本该流向银行的钱也就相应减少了多少。

在这种情况下，银行的借贷能力减弱，难为无米之炊，造成景气的大潮无声无息地倒流。其实在日本，2016 年 2 月负利率一经实行便立刻反映到了市场上，以银行股为主的股票迅速下跌。

一向以信用创造为本的银行体力渐渐不支，更何况增加企业贷款规模本来就是银行的一大难题，据说这个问题在当时并没有引起日银总裁黑田东彦的注意。

强制推行负利率政策，以近乎蛮横的态度，将近在咫尺的家庭资产逐出银行的大门，其结果无异于搬起石头砸自己的脚。

如上所述，我只是希望大家认识到存款的减少，直接关系到银行的生死存亡。

按 BIS（国际清算银行条例）规定，银行自有资本比例应为 8%，银行信用机制可以将 1 个单位的存款扩大至 12.5 倍，而一旦信用机制出现反向作用，从理论上讲，如果银行存款减少 8%，则要求银行必须撤回与存款总额相当的贷款额度。

反过来也可以这么说，在存款增加的情况下，银行能够替自己掩盖各种灾祸。

从目前状况来看，老年人回避投资风险的心态让存款持续增加，正好救了银行一命，使整个金融体系得以苟且偷安。问题是今后怎么办，在债券泡沫破裂的过程中，金融体系有可能出现的震荡是不容否定的。

届时，现金几乎肯定会全部集中到主要银行和邮局的手里。由于多数银行被负利率压得喘不过气来，撤回贷款的情况将有增无减。

对于主要银行裁员和地方银行重组之类的事态，金融厅也不是不想马上采取相应措施。实际上，对债券泡沫破裂的担忧和地方银行重组的必要性，前金融厅长官森信亲先生早已有言在先。

日本金融厅 2017 年 6 月发布的 105 家地方银行 2017 年第一季度决算概要披露，单体基础的最终损益合计与上年度同比减少 14.7%，出现 1.2 万亿日元的盈余。借贷利率的利差已经收窄，时隔两年再度转为减少。

在一年后的 2018 年 6 月发布的公报里，这个数据为 9965 亿日元，和上一年度相比进一步减少，终于跌破 1 万亿日元大关。在人口老龄化问题同样严重的地方县市，借贷需求在今后也有望恢复。

但是，金融厅指出，在日银金融政策放宽的引导下，低利率局面仍在延续，借贷的利率差继续缩小，半数以上地方银行的服务于客户的主要业务陷入赤字危机。金融厅还对那些依赖短期炒作有价证券，不断增加房贷的银行发出警告，要求他们建立起可持续发展的商业运作模式。但是在其背后，这些地方银行仍然一意孤行，经营领导层对金融厅的警告无动于衷。

信用周期大约每 10 年为一个轮回。2008 年 9 月 15 日，身为美国投资银行的雷曼兄弟公司申请执行《联邦破产法》第 11 条，结果引发了一场世界金融危机。

当时，金融市场本来就已经处于沃伦·巴菲特所说的"令人垂涎的大减价状态"，尽管如此，对于许多投资人来说，在股票跌至谷底时买进股票，在心情上难以办到。

但是，能够办到这件事的是那些进行 VIX 投资的人，以及那些按月攒钱坚持投资的人。我本人当时在黑岩集团供职，在追求绝对收益型的"Global Macro 战略"中负责基金运作。在这场博弈中，我成功解决了预防"做空"的资金问题，取得了可圈可点的重要成果。

顺便指出，使用"雷曼冲击"（Lehman Shock）这个名称的国家只有日本，世界上的普遍叫法是"全球金融危机"（The Global Financial Crisis）。"负利率"这个词也是一样，在英语里叫作"negative"（即消极利率）。所以，需要向海外人士介绍这类情况的各位同仁，请注意这个问题。

乍一看，这几年股市走势持续坚挺。然而，如果从债券市场的动向来看，目前支撑证券市场的日本各家银行，在负利率政策的影响下实力减弱，勉强撑起银行门面的汇率保值外债投资也举步维艰。

身为资本主义支柱的银行，在信用创造方面不能充分发挥自己的作用，反而开始出现反向作用的迹象，这让我从中感受到了危机的存在。

　　请各位读者务必参考本章的内容，提前做好准备，将适用于上涨行情的投资组合，转换为也能承受下滑局面的投资组合，并且希望大家从现在做起。

第 5 章

从历史中学习——

通货膨胀与利率

FRB 为什么一度忧心忡忡？

"我们正在经历的这个泡沫，不是股票，是债券！"

2017 年美联储（FRB）前主席格林斯潘公开表达了自己的危机感，一时成为人们热议的话题。我有过 20 年的债券理财经验，从我的角度看，格林斯潘主席的这个感觉是正确的。自 2008 年全球金融危机爆发以来，各国中央银行一直过度执行金融宽松政策，过剩的资金涌入美债，导致美国债券的价格急剧上涨，利率大幅下调。

就在这位前主席发出警告的 2017 年，美国长期利率约为 2%，其低迷程度几乎是"雷曼事件"发生前的一半，因为在 2008 年"雷曼事件"出现之前，这个数字一度上升到了 4%~5%。

美国经济恢复正常，失业率降低，百姓物价体感指数开始回升。可以说，在这个过程中，2% 的长期利率已经处于极低的水平。后来，这位前主席的预言果然一语成谶，2018 年美国的长期利率已经超过 3%。

基金经理的任务是预测物价

如果能够准确地预测通货膨胀或者物价的起伏，那么，人们有可能通过理财积累巨额财富。

身为理财专家的基金经理，其主要任务应当是预测物价的未来变化，这么说并不为过。**因为物价的波动，对国际金融市场的影响自不待言，整个社会都将深受其**

影响。

回顾历史，物价的高低曾经让社会发生了巨大变化。

江户末期，日本打开国门，导致商品、货币外流，物价持续暴涨，骚乱此起彼伏，直接引发倒幕运动的事例不胜枚举。

"自古以来，国之动乱起于人心不稳。而人心不稳之根源，据本王所闻，无钱买米是万事之祸端，且十有八九。"

萨摩藩（今九州西南部）一代明君岛津齐彬留下的一席话，不愧为金口玉言。

在通货膨胀中深受其害的债券市场

通货膨胀给社会造成的影响是多方面的，首当其冲的便是债券市场，这一点且待后述。然而在市场交易中，决定债券价格的大部分因素寄希望于通货膨胀。

还有，债券市场是一个资金大量往来的金融市场，这一点让股票市场望尘莫及。债券市场的波动足以让全球金融市场出现大变局，说起因债券市场暴跌引起的社会动荡，典型事例莫过于2008年的全球性金融危机，这场危机至今让人记忆犹新。

当时，欧洲金融机构实力下降，岌岌可危，市场处于有望降息的状态。欧洲央行（ECB）始终担心"农业通胀"（Agflation①）发生，因而不断加息，结果导致债券市场一路震荡，终于在3个月以后酿成大祸，欧美金

---

① 由Agriculture（农业）和Inflation（物价上涨）组合而成，用来概括当时农产品价格暴涨的现象。

融机构接连破产，连锁反应波及整个世界。

所以，看懂通货膨胀及受其影响的利率，非常重要。

再者，人们似乎并不知道物价和长期利率在债券市场中如何体现利好和利空，什么是理想的利率水平。但是，如果经常注意观察，以上问题的决定因素可能并不复杂。

计算长期利率的"三要素"

长期利率在理论上可以用加法计算。

它由多种因素决定，其中之一的"短期利率"，主要跟随央行政策利率的调整变化而连动。

银行向企业提供为期两年以下的融资贷款，其利率也随上述"短期利率"调整变化而连动。

另一个因素，也就是人们常说的"预期通胀率"，指的是消费者、企业和市场有关各方所预想的未来物价上涨率。

简而言之，将未来短期利率相加，经过互相平均得出的结果，可称为长期利率，如：40 个为期 3 个月的短期利率，等于 10 年的长期利率。那么，今后一段时期的短期利率，应在中央银行的决策发挥作用之后，即通胀率上涨到适度水平时再做调整。

正因如此，我们完全可以把"预期通胀率"看作长期利率的决定因素之一。

最后一个因素是"期限风险溢价"（Term Risk Premium）。相对于"短期利率"与"通胀预期"两项合计算出的短期利率前景预估值而言，对资金长期固定而承担风险大小进行的补偿，叫作"期限风险溢价"。其中代表性风险，就有显示借贷对象信贷风险的信用风险。

顺便介绍一下，据美联储统计，由于美联储对债券的大量持有，以及来自美国以外国家的资金流入，自2017年3月以来，相当于"期限风险溢价"的利率因素出现负数并固定不变，形成"负风险溢价"的异常现象。2018年6月，风险溢价超过 −1.00%。

与过去20年平均值维持在1%的情况相比，我们不难发现债券投资人的投资态度相当迟缓的。

可以用加法计算长期利率

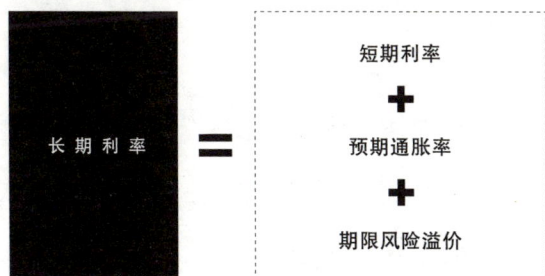

长 期 利 率 ＝ 短期利率

+

预期通胀率

+

期限风险溢价

前面提到美联储前主席格林斯潘有关债券泡沫的言论，他正是以这套理论为判断标准有感而发的。顺便提一下，他还断言，"无论用什么尺度去衡量，长期利率都是过低的"。那么，这个标准里的精髓是什么？

其精髓是在物价与利率的循环关系中剖析物价的理论。

从"四波"理论，辨清景气循环的本质

我在第三章里做过详细阐述，景气具有循环往复的特征。

"繁荣→泡沫→危机→衰落"，景气上升和下行交错而来，周而复始。而把握最佳时机，预测景气循环的转折点是我们理财的关键。

衡量时机的最有效办法是善于观察景气循环的"四波",而"物价与利率互相配合"是形成"四波"的基本观点。牢记物价和利率的循环周期,不仅能够让景气循环清晰可见,而且有可能复制那个时期有过的理财方式。

显然,是否了解景气循环理论,在理财手法及效果上有着明显差距。下面我要阐述的是,在短期利率走势与长期利率走势的配合中所表现的景气循环的理想状态。

【第一阶段】

触底反弹

短期利率↑长期利率↑短期利率增幅＜长期利率增幅 股价↑

景气循环的第一阶段可以判断为景气恢复的最佳时机,具体表现为景气明显好转,物价不断上涨。因为预测到金融政策有可能推动利率上调,所以,无论是短期利率还是长期利率都呈上升趋势，而且长期利率的升幅处于逐渐加大的趋势。

因此，长短利率差继续扩大，股票市场也在看涨。由于商业银行主要依靠短期利率吸收存款开展长期融资业务，其利差的不断扩大使银行实力强韧。其结果，银行面向社会开展的借贷业务更多，信用创造得以进行，经济开始上行。

第一阶段

短期利率：↑　长期利率：↑　长短利率差：扩大　股价：↑

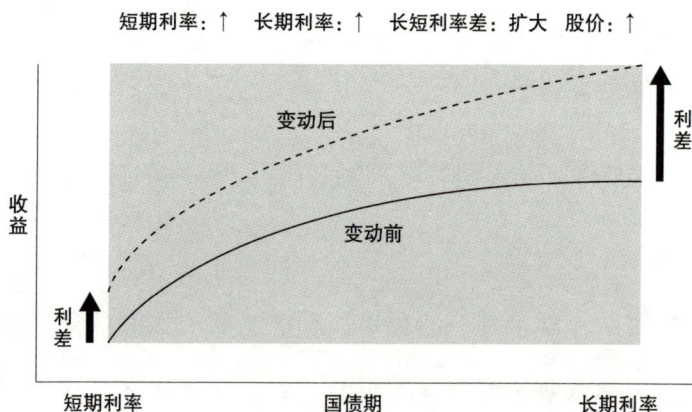

收益

变动后

利差

变动前

利差

短期利率　　　国债期　　　长期利率

【第二阶段】

通货膨胀上升

短期利率↑长期利率↑短期利率升幅＞长期利率升幅 股价↑

第二阶段，景气开始出现过热的苗头。由于物价上涨明显，中央银行陆续上调短期利率。此时，虽然长期利率也在上升，但越来越多的人认为，与目前感觉到的过热的情况相比，未来景气继续过热的局面难以形成。

未来利率似乎没有继续上调的空间，长期利率的上升没有短期利率那么高，因此，长短利率之差逐步收窄。

与第一阶段相反，由于商业银行的利差较小，致使银行实力下降。结果，银行在贷款发放上开始持谨慎态度，信用创造能力下降，导致经济发展势头减弱。不过，景气基本处于良好状态，所以在这种时候，尽管景气的可持续性令人担忧，但股市的变化仍然比较稳健。

第二阶段

短期利率：↑　长期利率：↑　长短利率差：缩小　股价：↑

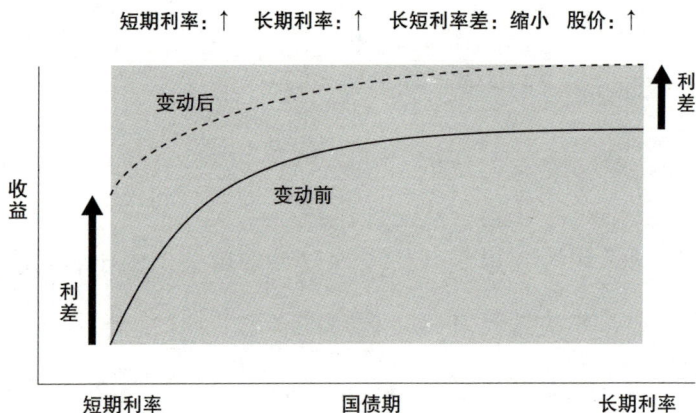

【第三阶段】

通货膨胀触顶

短期利率↓　长期利率↓短期利率降幅＜长期利率
降幅　股价↓

第三阶段，景气到达高潮，景气的未来发展开始减速，物价有可能回落。中央银行在未来一段时期有可能连续下调利率，这个时期的特点是长期利率的降幅甚至超过短期利率。

因此，人们已经预料到长短利率差正逐步缩小、银行实力长期下滑的趋势，于是，股票市场开始下跌。大体上看，在长短利率差发生逆转的时期，第三阶段将宣告结束，接踵而来的便是第四阶段。

第三阶段

短期利率：↓　　长期利率：↓　　长短利率差：缩小　　股价：↓

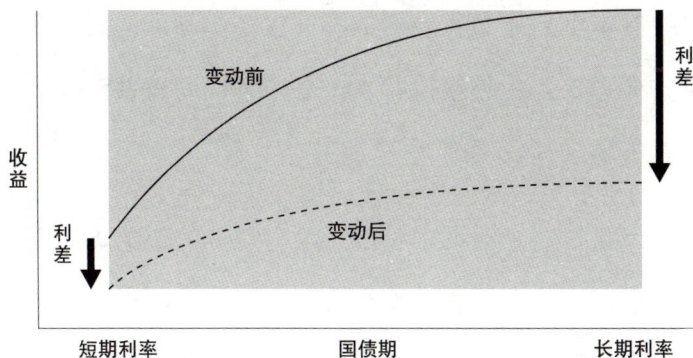

变动前

利差

收益

利差

变动后

短期利率　　　　　国债期　　　　　　长期利率

【第四阶段】

通货膨胀下降

短期利率↓ 长期利率↓短期利率降幅＞长期利率降幅 股价↓

第四阶段的局面是持续性的，景气明显下行，物价急剧下跌。中央银行已经拉开架势，开始下调短期利率，试图挽回景气形势，防止出现经济危机。

因此，人们开始预测景气恶化会逐渐平稳，当预期今后利率下调空间不大时，长短利率差开始扩大。这个时期基本上处于景气衰退的不良状态。与此同时，在形势的逼迫下，中央银行背水一战，官民同舟共济，努力恢复市场景气。

因此在这个时期，股市还没有复苏的迹象，如果匆忙买进，将陷入"贪贱吃穷人"的困境无法自拔。选择在股市暴跌时买进固然重要，但是，第四阶段的延续往

往长达数年之久，切勿操之过急，看准股价反弹时机后
再投资也不迟。

第四阶段

短期利率：↓　　长期利率：↓　　长短利率差：扩大　　股价：↓

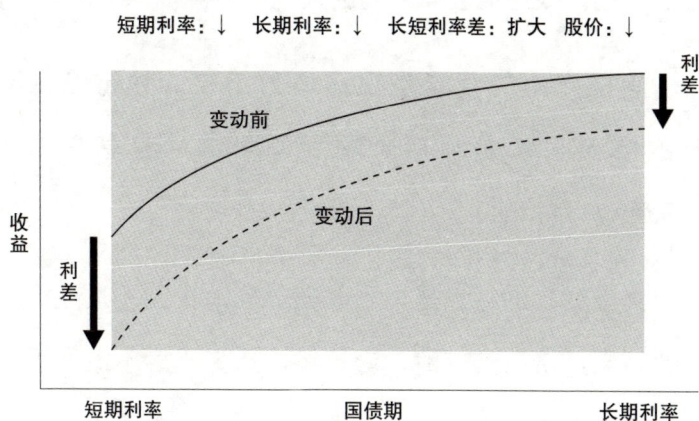

利
差

变动前

收
益

变动后

利
差

短期利率　　　　　　　国债期　　　　　　　长期利率

大暴跌！发生在乐观情绪纠正之后

当长短利率差极度接近或发生逆转时，历史的经验告诉我们，很可能会有一场巨大危机接踵而来。

危机产生的背景是银行体力不支。银行稳赚不赔的惯用手法是利用长短利率差的"套息交易"（Carry Trade）。

套息交易的特点是，利率差一旦消失则无法进行。因此，当经济不景气时，银行经常选择平时不敢出手、风险更高的项目进行投资，而这类项目沦为不良债权的事例在历史上时有上演。

套息交易的实例证明，依靠低利率的短期存款融资，购买利率高的长期国债，是获得稳定收益的常用手段。

当这个办法行不通时，还有高风险的公司债和外债等投资产品，银行员工染指这类高风险理财产品，被卷入高风险资产的行为也不乏其例。

等到长短利率差逆转的时期过后，往往出现股市暴跌的局面。比如，20 世纪 80 年代后半期到 90 年代初美国的 S&L（储蓄贷款组合）危机、2001 年的 IT 泡沫破裂，以及 2007 年到 2008 年"次贷危机"所引发的全球金融危机等，均属于这类情况。

在我写作本书时的 2018 年，长短利率差开始极端缩小，尤其是伴之而来的利率上升，着实让我捏了一把汗。翻看历史，过去股市的暴跌，多半都伴随着利率的上升。

总而言之，这种暴跌现象经常发生在对未来经济所持的乐观情绪得以纠正的时候。中央银行随后开始加息，景气大倒退突然到来。历史上这种类型的股市暴跌占到半数以上。人们记忆犹新的"雷曼事件"也是如此，直到爆发前夕，欧洲中央银行还在担心发生通货膨胀，甚至继续加息，利率的调整也寸步不离。

由于金融环境宽松，通货膨胀率和利率下行到极限，长期利率持续走低的形势无法预期，加之此前一度亢奋的乐观情绪迅速降温，最终导致股市和债券等国际金融市场全线暴跌。

这种利率下限的僵化现象，就是我在第四章里介绍给大家的所谓"流动性陷阱"。这就意味着，与物价动向相比，债券利率过低时，机构投资人担心今后债券价格下跌（利率上升），对购买债券表现出犹豫不决，无论中央银行在金融放宽政策方面采取何种措施，债券利率都不会再下跌。

明显的一例是 2018 年日本负利率政策主导下"长期利率低位稳定化政策"的余波。

负利率的弊端

2016 年 1 月 29 日，日本银行首次宣布推出负利率政策。

在法律上，日本的金融机构有义务将一定数额的钱款存入中央银行的账户，以保证能够将存款返还给存款人。由于普通银行在央行的存款利率变成了负数，各银行的资金不再向央行贷出，促使银行转而为企业提供贷款或者用于投资，这样做有利于国家搞活经济，摆脱通货紧缩的困境。这便是日本央行实行负利率政策的初衷。

在负利率政策的影响下，银行的房贷利率下降，预防型家庭收支观念有了较大改善，购买公寓之类的大宗消费有望增长。

但是，当时的股票市场，尤其是日本的银行股，在消息发布后狂跌不止，因为负利率实行后出现"流动性陷阱"已在意料之中，人们认为原本为银行顶梁柱的业务正在风雨中飘摇。

在负利率政策的主导下，贷款利率一路下滑，民间商业银行被推到了风口浪尖上，作为主要收益来源的银行信贷，也只能在微利中勉强生存。因此，吸纳存款越多，创造存款利率收益的难度越大，银行只能硬着头皮惨淡经营。

这就意味着银行收益的魔杖——信用创造已经失灵。本来，存款人应该是银行信用创造的命根子，可是如今不欢迎他们前来存款的银行却有增无减。银行为了创收而迫不得已，将风险置之度外，义无反顾地通过外债理财等方式，把资金投在立竿见影的金融产品上。

第一次世界大战后，恶性通货膨胀袭击德国

有的时期，仅凭上述"四波"的循环理论解释不通。现在，我就来介绍这种属于例外的时期。

历史上有过这种案例，利率的上升和回落并没有循环出现，始终朝着一个方向推移。在这种时期，中央银行肯定对金融市场实施了大规模的人为操纵，无一例外。

人为操纵为利率市场埋下重大隐患。其后，物价疯涨的恶性通货膨胀不期而至，给社会带来沉重的打击。按照美国经济学教授菲利普·科特勒的定义，"月率超过 50% 的物价上涨"属于恶性通货膨胀。假如这种状况持续一年，相当于物价暴涨 130 倍。

大家还记得本章开头提到的那位放飞"黑天鹅"的前主席吧，他所害怕的正是这种不可控的、随时有可能

到来的物价暴涨。历史上不乏物价暴涨失控的先例，其中有名的一例发生在第一次世界大战结束后。德国魏玛共和国，物价在一年之内竟然疯涨了 1 万亿倍。当时在魏玛共和国，那里的中央银行与今天的日本一样，一度采取金融放宽政策，大肆对金融市场进行人为操纵。

当时，在第一次世界大战中战败的德国，陷入了恶性通货膨胀的泥潭。所谓恶性通货膨胀指的正是物价急剧飙升。但是由表及里，其背后隐藏着通货贬值。令人感到意外的是，许多人对这个趋势却毫无察觉。

人们只知道迁怒于物价上涨，却几乎看不到手里的纸币正在贬值，这种错觉在经济术语里叫作"货币幻觉效应"（Money Illusion）。因为在通货贬值的过程中，市场上流通的纸币量已经超过实际的需要。

当时的德国背负巨额战争赔款，最大的工业基地鲁尔被法国占领，受其影响，德国已经出现了通货膨胀的兆头。失去了创收外汇的鲁尔，支付赔款的财源被法国阻断，德国处于无计可施的状态。于是，德国政府打着"一切为了还我鲁尔"的旗号，为了履行债务，堂而皇之地采取了增发货币的应急措施。

这种做法的理论根据是，货币如果贬值，缺多少就应当印多少。但是，这个办法是荒谬的，货币增发到超过实际需求的程度，货币将进一步贬值，为了挽回这种局面，政府再度发行货币，货币继续贬值……金融市场将彻底陷入恶性循环。

政府滥发货币，市面上流通的货币多得离谱，亦不断贬值，终于形成了恶性通货膨胀这个无法收拾的烂摊子。

国民生活自然苦不堪言，人们无可奈何，彻底绝望。反正是一文不值的纸币，只能作为赔款送给外国人了——这种道德缺失的行为背后，有政府和央行的默许。

单纯由货币超发酿成的通货膨胀，通过减少货币还是可以遏制的。正因如此，在判断恶性通货膨胀是否出现时，社会道德的好坏是一个相当重要的因素。

反之也可以判断为，没有国民的认同，恶性通货膨胀是不会发生的。

如果说，国民的广泛认同足以孕育出一个独裁者，那么，也同样能够培养出央行滥发货币的强权。有独裁者存在的国家屡屡发生恶性通货膨胀，普遍存在的道德滑坡构成了当时的社会背景。

那么，眼见德国社会混乱到极点，国际社会上已出现免除赔款的舆情。最终，德国的战争赔款被大幅减免。其后，国民对恶性通货膨胀的认同感被削弱，社会道德开始回归。接下来，德国开始发行名叫"地租马克"（Rentenmark）的临时货币，初步解决了货币的面值问题。

"地租马克"的兑换率是"1 地租马克 =1 万亿纸马克(旧马克)①"。政府进而又对临时货币实行限量发行，通过一系列措施，让市面流通的货币量骤减。

"地租马克"毕竟是作为过渡时期通货发行的，政府看到社会趋于稳定后，便正式发行了新货币——德国马克。而"1 德国马克 =1 地租马克"的兑换率，让新旧货币的兑换过程进行得非常平稳。

从旧马克兑换为"地租马克"的时候起，货币量逐渐减少，经济日趋稳定。德国从恶性通货膨胀中奇迹般地恢复起来的事实，被人们称为"地租马克奇迹"。

不过，当时物价涨幅超过工资，劳动积极性极为低落，人们的绝望，以及对政府的信任大幅下降等社会问题，为后来的希特勒上台铺平了道路。

---

① 纸马克（Papiermark）是德国在 1914 年到 1923 年期间发行的货币。在 1922 年德国恶性通货膨胀发生前，纸马克的最大面值为 5 万，而一年后它变成了 100 万亿。

长期利率大起大落，对经济的恶劣影响

一般认为，恶性通货膨胀属于特殊情况，而国债的长期利率断然不可出现较大幅度的波动，因为企业公司发行代表企业投资的"公司债券"，在确定利息时参照的就是当时的长期利率。所以，长期利率对企业的长期设备投资会产生相当大的影响。

办厂时的贷款利息波动过大，会让经营者在设备投资上进退两难。

所以事实证明，长期利率的稳定推移，本身就是对经济发展的一大贡献。由此看来，对长期利率产生较大影响的长期国债，国家在发行决策上应该采取慎重态度。

另外，中央银行也不应过度介入长期国债的管理，而是在一定程度上交给市场，避免价格波动的险情和扭曲状态留在市场上兴风作浪。

但是在目前，美日两国政府和中央银行对历史教训视而不见，在过去的 10 年里，从未间断过对长期债券市场的人为操纵，而且动作过大，由此造成的恶劣影响和价格起伏的险情在市场上不断累积。

检验中央银行是否独立的标准

历史上也不乏这方面的事例，许多国家的中央银行对政府言听计从，对经济形势的好坏视而不见，该加息时不能加息，大量超发纸币，结果有不少国家因物价失控，逐渐失去了往日的繁荣。

上述魏玛共和国发生的恶性通货膨胀也属于这种情况。

　　顺便讲一下我本人的看法，在某种意义上，特朗普政权的诞生或许也是美国民众道德滑坡的表现。

　　不依靠自己的努力制造优质产品，主动改善贸易赤字，而是仗着美元的不断贬值，将海外企业逐出国内市场……我认为在特朗普政权的怂恿下，美国所采取的无理措施，主要源于美国民众的道德滑坡。

　　在财源紧张的情况下反而减税，搞军扩，在墨西哥边境筑墙，其本钱就是来自不断增发的美国国债。为了达到这些目的，美国从 2017 年开始不断提高国债的长期利率，而这种情况对于日本来说，绝对不是一个事不关己的问题。

　　2018 年，由于受到国际金融危机对策和社会保障金的影响，美国国债的发行余额从次贷危机前的 6 万亿美元膨胀到 15 万亿美元（约合 1650 万亿日元）。在财政支撑乏力的情况，依然实施增加军费及大规模减税等措施，特朗普政权推行的这些不作为或乱作为的所谓"散漫财政"政策，开始助长美债的增发，长期利率地位稳定的市场表现越来越缺乏持续性。

实际上，刚进入 2018 年的时候，债券泡沫的异常事态正朝着消解的方向发展，从上年的年底开始到第二年的春季，美国长期利率反转上升，春季还出现过长期利率定格在 3% 的局面。

美国长期利率上升，侵蚀日本的金融机构

美国长期利率上升的恶劣影响，正在通过各种路径向外扩散。

在美债总发行量的 15 万亿美元里，除美联储外，美国国内投资人的势力最大，总体债券持有量超过 7 万

亿美元。剩余的四成，即 6 万亿美元掌握在美国以外的投资人手里，而日本和中国等各国公共金融机构所持部分高达 4 万亿美元。

所以说，这种情况对于日本并非事不关己，美国国债一旦下跌，对境外的社会金融机构，如日本地方银行等机构的影响将非常严重。

手中的美国国债一旦价格暴跌，投资人势必被迫按照时价会计规则定量止损，因为经济要出现问题了。据美国财务部统计，美国以外的民间投资人所持的美债数额为 1.8 万亿美元。2017 财年末到 2018 财年利率的急剧上升进一步压迫了这部分金融机构的经营活动。

尽管日本金融厅也看到了潜在的危险，但是，鉴于国内长期利率直逼零点，短期利率为负数，即便是在这种现状下，日本国内的金融机构也仍然继续增持美债。

因此，从利率开始上升的时候起，日本的地方银行因美债等海外债券造成的亏损额日益膨胀，这个问题已经引起银行方面的重视。查看 2018 年 3 月期决算，日本全国有 105 家银行的债券理财收益跌为赤字。这是自 2009 年"雷曼事件"袭击地方银行以来绝无仅有的现象。在银行传统主业的融资方面，有的银行由于这次债券理财的失败，甚至出现了通期纯利润全部告吹的情况。

更有少数金融机构不堪忍受美债价格下跌、利率暴涨的"过山车"，陷入抛售债券割肉止损的绝境。而在这个时候止损，恐会引起利率的继续攀升。

由于市场交易的特征偏向金融机构等固定投资人，投资行动也容易趋同，因此，债券也许会被螺旋式大量抛售。加之为规避风险，其他债券也会被一起卖掉。由此看来，波及日本长期利率上升的可能性也比较大。

其实早在"雷曼事件"爆发时，类似情况已经出现过，金融机构为了掩盖美债的损失，陷入了抛售股票和其他债券、吐出既得利润的恶性循环之中。所以，如何应付美债泡沫破灭后的负面冲击，是目前国际金融市场要面临的严峻考验。

总部设在静冈县的上市银行——骏河银行便是一例。2018 年春季股票暴跌，与 2017 年年底相比，时价总额几乎腰斩。起因是合租公寓投资项目出了问题，集体篡改融资文件等非法融资行为浮出水面，造成坏账大量增加。我认为这一案例正好暴露了零利率政策的弊端。

关于零利率的问题，我在第四章也解释过，在零利率政策的背景下，对现金的需求在理论上是无限大的。如果利率是正数，现金存入银行，再由银行贷出，资金以这种形式被配置到企业设备投资等方面，形成了一个直接或间接给市场带来收益的资金流动过程。而在零利率的环境里，资金持有是以无助于提高生产水平的货币形式出现的。于是，吸纳存款的银行也因为失去风险适度的理财对象而叫苦不迭。

所以说，减少存款事关银行生死存亡。如果因信用创造发生逆转而强行撤资，必遭社会谴责，因此，我们都希望避免类似事件的发生。

就存款人和银行本意而言，双方都滋生了对存款的抵触情绪，控制信贷风险，同时在风险中相机获益，这种银行与生俱来的业务活动，如今正面临着异常严峻的困难局面。

在历史中探索负利率的未来环境

在负利率的大环境里，今后究竟会出现什么情况呢？

我想，无外乎是银行的躯体不断遭受侵蚀，像骏河银行那样，原本创收的主业，现如今却在为利益流失中出现的亏损而"埋单"。不情愿地吸纳存款，硬着头皮

提供贷款，看来，摆在各家银行面前的都是一条下坡路。

1953 年，木津信用组合在大阪浪速区成立。当初，这家银行脚踏实地，努力在客户中树立起自己的信誉，然而遭遇了 1970 年的大逆转——重要客户砂糖批发公司倒闭了。存款量只有 22 亿日元的木津信用组合，竟有多达 3 亿日元的贷款无望收回。

紧急时刻，木津信用组合被迫采取的解决办法是，不顾一切地大量吸纳存款。其后，存款量成倍增加，彻底解决了流动资金不足的问题。这个成果让木津信用组合信心大增，看来即使出现不良债权，只要存款充足就能化险为夷。从此，这家银行大幅吸收存款，到了 1988 年，终于坐拥 2200 亿日元存款，壮大为大阪地区存款最多的银行。

据说当时他们吸纳存款的主要办法是"介绍存款"。大银行让其企业客户发行"短期无担保债券"（Commercial Paper），然后将发行后筹措的资金介绍给木津信用组合，即以经人介绍的形式吸纳存款。

"短期无担保债券"是企业为筹措短期资金，在市场上公开以折扣方式发行的无须担保的信用票据。企业从中赚取利差，大银行收取发行手续费。对木津信用组合来说，这样既可以省去一点点地吸收存款的麻烦，又能够争取到存款大户。

木津信用组合又利用高息筹集的资金投身房地产。因为在泡沫经济期间，对房地产的融资有望获得高息，往往被银行视为优秀贷款对象。

不幸的是，从 1990 年前后起，泡沫经济开始崩溃。结果，一心扑在房地产融资上的木津信用组合出现信用危机，大量存款外流。危机并不是从泡沫破裂初期的挤兑风潮开始的，而是始于梳理和削平泡沫晚期膨胀起来的"介绍存款"。

当时有消息透露，大银行正慌忙从"介绍存款"中撤出，还被大藏省①砍去了一部分大额存款。这个消息传出后，形势急转直下，一下子恶化到挤兑风潮的局面。

助长"存款至上"的风气，筹集过多的存款强行用于理财，这是木津信用组合出现信用危机的主要原因之一。金融机构的道德滑坡与泡沫景气一道，随着融资标准的放宽而开始显现。泡沫破灭后，这些问题便逐一显现。

我觉得至今人们仍对金融机构不够信任，就是这次事件造成的心理冲击的后遗症。最终，木津信用组合在申请破产时，其不良债券已经超过 1 万亿日元。其后，开始人心惶惶，连都银[②]的长信银行都遭到了挤兑。为了挤出资金，着手撤回贷款的"银行群"相继出现，一场漫长的景气大倒退袭击了日本。这个时期先后被人们称为"平成恐慌"和"失去的 20 年"。

---

① 大藏省，日本的国家财政部。
② 都银，都市银行的简称，指在东京或大阪等大城市设有营业网点且经营地区较广的日本普通银行。

大约 30 年前，冒险强行理财的木津信用组合事件，最后成为点燃"平成金融危机"的一根导火索。在我看来，负利率时代及其今后金融市场形势，与木津信用组合事件发生的社会背景不无相似之处。

骏河银行的问题如此，地方银行也如此，在这些银行里，掌握国际金融信息的人才尚未出现，符合外债交易需求的组织体系尚不健全。在这种条件下，银行经营向外债投资倾斜，导致投资债券的潜在亏损日趋严重。如今贷款业务勉强维持，道德滑坡迹象明显，社会问题一触即发。

从通货膨胀的观点出发，推测社会是否出现道德滑坡，尤其是有没有出现在社会影响广泛的银行业上，非常重要。

如果道德滑坡大范围出现，那么，有可能造成金融危机以及随之而来的银行贷款撤回。

　　"平成金融危机"发生之际，国家通过向银行投放资本，转移了银行的负担，稳定了混乱局面。但是，这种做法的后遗症是现在的财政赤字膨胀，削弱了国家实力，当同样的金融危机发生时，为银行转移负担的主体也就不存在了。

　　这就意味着，在下一次金融危机爆发之时，这副担子有可能直接落在全体国民的肩上。中央银行没有商业银行的帮助，更加难以取信于民，继而引起国家威信的下降。至于接下来的情况，我认为伴随通货膨胀高企和日元大幅贬值，甚至有可能让全体国民都尝到苦头。

　　诚然，身为世界最大债权国的日本，也还有自己的回旋余地，比如靠抛售海外债券继续生存。但是，这部分债券的主要投资对象是美国，美国似乎也出现了道德滑坡的现象，率先烦恼的也许是美国。

　　在高通货膨胀率和负利率共存的世界，尽管我们对其中的异常能够一目了然，但是，当人们用道德操守这个关键词去衡量这种共存现象的时候，应该说，它们之间的关系如同硬币的正反两面，在相互作用中构成了一个极为合理的世界。

由于日本利息过低，资金纷纷流向利率偏高的国家和企业，而后者无须努力，资金就滚滚而来。所以，只要企业和国家不作为、乱作为的"散漫经营"仍然继续，其过程必然导致双方的伤口不断扩大。

看来，第四章介绍的守住资产的方法，对我们的未来生活将越来越重要。

第 6 章

从钱的历史中思考
虚拟货币的未来

虚拟货币率先在中国拥有大量用户的原因

在第一章里，我介绍过纸币诞生的历史，我准备在这一章里扩展这个话题，分析一下虚拟货币的未来。为此，我先从美国加息和虚拟货币为什么会在中国率先拥有大量用户说起。

2017 年的五六月间，人民币的隔夜短期利率飙升，一度超过 40%，尽管这是偶尔因资金外流引起的短期利率暴涨，但从中国大陆流出的资金，其去向是太平洋彼岸的美国。

当时，联邦基金利率（Federal Funds Rate）这项政策利率正在阶段性上调，而且，由美联邦公开市场委员会（FOMC）出台并持续 9 年的美国量化金融宽松政策，事实上已经在 2017 年 6 月谢幕。

所谓量化金融宽松政策，并非中央银行上下调整的政策利率，而是中央银行基于对景气施加影响的思路，通过调整货币量本身进行运作的一种方策。

在具体操作上，中央银行推出这项政策的目的是，通过调节民间银行的活期存款账户余额，为市场增加货币供给。

而其运作过程先是由美国中央银行从民间金融机构手里回购国债和票据，以便增加中央银行账户的活期存款余额。然后，促使民间金融机构按存款余额比例为企业融资，或者直接利用活期存款在金融市场上投资理财，以达到增加市场通货量的目的。

日本早在 2001 年 3 月就已经采取了这种政策，一直延续至今，而美国是从 2008 年 11 月开始的。

美国分阶段陆续叫停这项量化金融宽松政策，意味着此前量化宽松的环境里司空见惯的美元供给，即中央银行通过从市场上购买美国债券释放的美元现在开始减少了。

美元供给量在世界范围内的回落，使得美元的筹集越发困难了。

在 2017 年的夏季阶段，根据劳动环境和物价环境计算出的理论值表明，一度回落到 1.25% 的联邦基金利率已经超过 5%。美国设法让利率回归正常，在改善劳动市场状况的同时，防范今后有可能发生的通货膨胀加速。

由于外部环境的变化，像港币那样处于固定汇率制之下、汇率浮动与美元挂钩的通货，一旦美国金融政策转为紧缩，这些通货都将出现疲软的倾向。

另外，中国的人民币虽然已经与美元脱钩，但也没有采用完全自由浮动汇率制度，属于可在一定范围内自由浮动的通货，即有管理的浮动汇率制。然而，人民币与港元相同，也有随美国加息而趋于疲软的倾向。

所以，与美元挂钩的国家和地区，包括对美元没有采取完全浮动汇率制度的国家和地区，其通货都与美国的利率自动同步，其政策利率也必须跟着上调。在这种机制下，不管中国内地和中国香港的景气如何，利率都将自动上调。

这种情况很容易让那些市场参与者联想到中国内地和中国香港景气恶化预期，导致通货抛售和资本流出的规模进一步扩大。

为了安抚这种不安情绪，当局会设法稳定随资本外流而出现的汇率浮动，在对美元固定汇率的框架内，为使通货保值而采取汇率干预措施，则是必不可少的手段。

然而，抛售美元干预汇率所用的资金，来源是中国的美元储备，外汇储备的不断减少，对于人民币和港元的持有者来说不容小觑。

在美国本土，美元供给减少，借贷美元的成本上升，美元因此而相对升值。另外，对美元采取固定汇率机制的中国香港，为了稳定港元价值必须出售美元干预汇率。由此看来，中国内地和中国香港地区卖出所持的美元，即外汇储备，势必引起市场的关注。

外汇储备不再像过去那么充裕，中国希望持有美元，其目的是防备万一，所以出售美元也是没有办法的办法。

中国人民银行一方面需要储存美元，另一方面在银行间人民币拆借的短期金融市场上，又没有把常需的人民币及时供应给市场，给短期金融市场带来事实上的利率上调，最后下决心干预汇率市场，这就是短期利率上涨 40% 的背景。

美国著名的债券评级机构穆迪投资者服务公司，似乎看破了中国如此艰难的金融状况，于 2017 年 5 月将中国评级从"Aa3"下调至"A1"。

穆迪的判断表明中国因债务增加和经济增长的钝化，对金融和财政恶化的预期，让市场参与者慌忙出走。顺便指出，这是穆迪公司自 1989 年以来第一次给中国内地降格，随后中国香港也被降格。

在中国国内的短期金融市场上，金融紧缩干预和出售美元干预的行动一旦停止，人民币或会贬值。

说到这里，终于轮到虚拟货币了。当初，虚拟货币的大部分需求源自中国的富人阶层。截至 2016 年，中国仍是虚拟货币尤其是比特币交易的中心。在中国，个人兑换外币额度的上限为一年 5 万美元，而虚拟货币不在其中。另一个背景是人民币的贬值预期，人们为了保护资产安全，将持有外币作为替代方案，所以开始大量购买虚拟货币。

比特币是全球化的"当代金币"

虚拟货币能够在瞬间将大笔资产毫无代价地、神不知鬼不觉地转移到国外，这条渠道是多么诱人！

对此，是否有读者会有一种似曾相识的感觉呢？

对，无独有偶，就是当年金融传奇人物约翰·劳在世时的情形再现。

当年，法国民众对王立银行的不信任感越来越强烈，许多人将纸币兑换成硬币藏在家里，甚至还有人乔装成农民，把金币和银币藏在枯草和牛粪里逃往比利时。

人们纷纷把资金带到国外避风险或隐藏在家中。在这个过程中，法国国内的货币供给量急剧减少。于是在纸币与硬币的比值上，约翰·劳采取让纸币升值的方式，努力解除民众的不安情绪，但仍有许多人利用这个机会继续兑换硬币。

属于虚拟货币的比特币就等于当年的金币。

另外，从事实上来说，比特币作为虚拟货币的排头兵，其发行数量有限，非常稀少且匿名持有，无风险，无隐藏成本。于是，比特币在全球化的当代社会里开始充当金币的角色。

比特币的地位如同金币，在任何国家之间都可以通用，暗藏着政府权力尚不可及的能量，能够将政府强行维系的经济不合理性轻而易举地破坏掉。

比特币的最大特征是"高效率结算"

毫无疑问，虚拟货币能够轻松跨境，匿名授受资金，这本身已经构成支撑犯罪的强大动力。

这种安全可靠且能够匿名实现资本跨境转移的手段存在一天，大量的跨境交易需求就会继续产生，于是，这里便成为钻法规空子把黑钱漂白的罪恶世界。

但是，我想告诉读者的是，我们不应该因为虚拟货币可以满足洗钱需求而彻底否定它的未来。也许应当再补充一句：尽管有人支持这种可疑的需求，而其"可疑"本身并不是促成比特币形成的要素，如同在一场肇事逃逸的交通事故中，汽车本身是无辜的。

诞生于时代潮头的比特币是一个意义深远的划时代产物。其意义在于比特币拥有一套臻于完美的结算手段，且连国家都无从监管。可以说，比特币的这个优势，正是全球许多人都发现它有可能成为一场社会变革的主要原因。

虚拟货币的技术支持者——"区块链"

比特币所代表的虚拟货币能否成立，其关键在于结算工具的作用。**比特币这种虚拟货币最关键的要素是其结算手段，而支撑这种结算手段的，则是人称"区块链"的数据管理技术。**

这里的"区块"指的是"账本"的每一页，而所谓的"链"，表示将该账户的每一个页面装订在一起。比特币自2009年诞生以来的所有交易都已经装订成册，这个账本任何人都可以查阅。

这本账本将私人账户拴在一起，这些私人账户就像人人都有的电子邮箱一样，一个人可以有无数个。这凸显了比特币强大的匿名功能，也让一些妄图洗钱的犯罪分子有机可乘。

银行的账本由银行结算系统维持，而且账目是非公开的。与此相反，比特币以账目公开为本，有无数的志愿者程序员维持账目公开。

这就等于告诉人们，特定账户本身具有可供人浏览交易内容的程序。在某种意义上，应该比非公开银行结算系统中的个人银行账本更为透明。

从预防犯罪的角度来看，这种不经任何审查便可开户的做法容易出现问题，解决这个问题的办法是加强管理，如导入严格的交易准入制和与之配套的用户监管程序。

比特币概念最初是在 2008 年由一个自称中本聪（Satoshi Nakamoto）[1]的人提出的。这种管理办法不是一般意义上依靠中央集中电算系统维持所谓的"中央集权型"银行账本，而是通过"分布型"方式维持账本，

---

① 中本聪，比特币的创始者，真实身份不详。

其历史交易数据分布在无数参与者的电脑里，无须使用其他高端设备。

"区块"也可以比喻为归纳交易数据的存折账本，它将每10分钟的"区块"归为一组，与以前的"区块"链接保存。每个数据块给人的印象如同"链节"，节节相扣，这便是"区块链"的名称来历。

在程序设计上，"区块"里保留了以往交易间互相关联的痕迹。所以，如果有人企图篡改就必须追根溯源，改写大量数据，这在事实上是不可能办到的。

另外，在比特币世界里还有一款独特的软件，叫作"挖矿"（Mining）。

在"挖矿"的过程中，参与的个人或专业机构先要破解复杂的算式，然后挖掘新的"区块"，作为回报，最后获得新发行的比特币，这就是所谓的"挖矿"。

参与者必须在"挖矿"过程中，对照以前的数据逐一确认，检查"区块"里的交易数据是否准确。这种自发承接管理业务的结构特点，才是比特币值得大书特书的地方。（顺便指出，"挖矿"行为的不可持续性，将来会成为大问题。单个比特币价值将出现暴涨。或者可以将已有的比特币作废，或者可以扩大储藏量。总之，将来应当采取一些类似激励的措施。）

比特币不同于通常意义上的通货，因其发行量有限，所以数量稀少也是其优越的一面。为了确保比特币的价值，发行量的上限为 2100 万枚比特币。据说这个额度是创始者中本聪参考黄金的现有储量而设定的。

总之，通过限量发行打造出的比特币，是一种具有自我保值机制的通货体系，连国家经济政策也不能左右。

我的看法是，中本聪的理想是在互联网的世界里发明一种稳定性和信誉度均高于现实社会、能够自由交易的通货。这个理想迎合了社会对现行通货制度的不满，博得了人们的赞同，结果导致现在的比特币一路暴涨。

再加上比特币的汇款手续费偏低，相对于现行的银行体系而言，具有较大的优势。如今，这个优势仍然在为比特币的推广和使用发挥着很大的作用。

类似“电子存折”的比特币

资金流动和资金结算的涉及面相当广，一旦失败，所造成的巨大冲击甚至会动摇国计民生。面对社会影响如此之大的资金结算，为确保每天的业务活动相安无事，需要央行以及各大银行这个庞大的金融组织内部互相合作，执行资金结算业务。

日复一日的繁杂操作，反映到存折上则是不断变化的数额，而这种"烦琐"换来的是银行存款和银行系统本身的"信用"。那么，既然日本超过1000万亿日元的现金储备有90%是存款，这就说明人们对日本的银行系统的信任直接关系到他们对日元本身的认可。

这是一个非常重要的概念。**实话实说，银行"准确无误的结算过程"是货币价值的有力保证。不仅是日本，世界上所有同样的系统都在积极构筑这种"信用"关系。**

世界贸易中心大楼（WTC）在2001年"9·11事件"中遭到破坏时，美元的短期利率之所以暴涨，就是因为入驻在这座大楼里支持美元结算的康托·菲茨杰拉德证券公司毁于一旦，致使美元结算濒于瘫痪边缘。

当时，我正在美国的一家城市银行从事通货掉期交易业务，还很年轻，刚满26岁。有一天，公司调我到城市银行国际金融本部所属的伦敦分行，进行为期半年的研修。

2001 年 9 月 11 日，伦敦时间刚过中午，我所在的研究室里播放的电影突然插播了一则快讯，画面正好是大型喷气式客机冲撞世贸中心大楼的那一瞬间，引得房间里的 20 位同事哄然大笑，大家都以为是研修资料里的恐怖片什么的。

不一会儿，笑声变成了惊叫声，大家面面相觑。这时候，银行的内部广播发布紧急通知，要求大家迅速避难，称恐怖分子正朝着屋顶上城市银行的徽标奔袭而来。

城市银行所在的这栋摩天大楼，当时在伦敦还是很有名气的。

当时在纽约的世贸中心大楼里有负责美元利率的中介公司，在银行与银行之间的美元供给往来中发挥着联络沟通的管道作用。当我们从伦敦的美银分行跑出来的时候，纽约的这些公司突然从地球上消失，美元资金的供给渠道被彻底堵死。

到家后，我慌忙地给东京的团队打电话询问，据说由于资金渠道堵塞，美元利率市场从金融衍生商品进行逆算，美元短期利率暴涨 50% 以上。

许多金融机构都没有顶住这场冲击，出现了巨大亏损。

资金流通渠道堵塞后，利率上升

当时，比银行间拆借受阻更为严重的问题，是银行间资金流动渠道瞬间消失所引起的美元及利率的急剧攀升。

记得是随后的那个星期，和我一起参加伦敦研修的大约 100 名投资银行部门经理，在没有任何过失的情况下，几乎全部以削减成本为由被解雇。而包括我在内的市场部门的 20 余人相安无事，而且都分派到了工作。尽管如此，我还是被外资企业这种戏剧般的人事制度惊得目瞪口呆。

2008 年 9 月"雷曼事件"爆发时也曾出现过上述情况。本身以美元进行结算的美国主要商业部门和投资银行随时有可能倒闭，美元结算难以持续的预期令人们惶恐不安，结果美元的短期利率突然上调。

短期利率的上调立刻给经济活动带来了相当恶劣的影响，让国际金融体系所依赖的现行资金结算系统险象环生。

了解了一系列的结算流程之后，再来反思比特币交易和结算的实际流程，比特币的厉害之处更加显而易见。

以电子媒介的形式，不分散户和大户，买卖成本几乎可以忽略不计，一跃成为全球范围内的交易对象，这就是比特币！其资金结算流程，尽管做不到即时结算，但也可以在 10 分钟左右完成。

比特币的交易手续并不复杂，但其准确程度在自身程序的保证下，毫不逊色于现行货币和银行存款资金的结算系统。

加之比特币的匿名性特点，这种手段在世界上得到人们的认可和信任，完全有资格用作货币。

以比特币为首的虚拟货币，其货币地位已经得到国际社会的认可，而其结算过程本身也获得了人们的信任。

在当今社会，货币体系依靠的不是纸币，而是银行存款系统，银行的弱点在于容易受到信用违约风险的影响。

那么，我们设想一下，假如虚拟货币在世界上继续使用，其流通过程将容易引起哪些社会现象呢？

首先要提到的一个结论是，我认为虚拟货币，尤其是比特币，不会取代现行货币体系和银行存款系统。

限定为 2100 万枚的供给量注定了其运作的僵化，这就是比特币目前的处境。因此，如果缺乏顺应经济规模的柔软性以及足量的供给，比特币甚至会落得无法收场的地步。在相互依存的程度日益紧密的当代国际社会，从货币的角度来看，比特币的作用只能说是有限的。

说得更直截了当一些，比特币绝对不会代替现行的货币体系乃至将后者驱逐出局。

包括日本在内，处于经济全球化进程中的当今国际社会，资本借贷已经跨越国界而且日趋复杂，唯有货币供给量的灵活性才是硬道理。

如果有朝一日，世界上真的只剩下供应量有限的比特币流通，那么由于资金流通速度缓慢，整个世界随时随地发生的赖账行为，将每日都令人们深受其害。

这就意味着我们又回到 18 世纪纸币诞生以前的那个年月——因为雨天道路泥泞，运送金币的马车迟迟不到，让赚了钱的人反而倾家荡产的恶果成为常态。

具体到比特币的场合，价格暴涨到一塌糊涂，赚到的比特币难以入账的烦恼也将屡见不鲜。

另外，假如用比特币取代黄金，它或许是一个有效的替身。我认为，有限的供给量造成比特币紧俏，与生意场上的一手交钱一手交货相比，如果将比特币作为一种投资对象，保住现有的地位，这个发展方向是不会出错的。

到了一定时候，与比特币有关的各种冒牌货将纷纷出现。然而，同样从稀缺性和流通量的平衡角度来看，这些冒牌货都不会像比特币那样影响到世界经济的起落。

"电子合同"将起到钱的作用

关于虚拟货币，我想传递给大家的信息不仅是这些琐事，下面我要告诉给大家的内容才是虚拟货币的重点。

比特币的核心是"分布式记账区块链"原理，值得我们关注的已经不再是应用了这个原理的虚拟货币本身，而是如何将这个原理应用到虚拟货币以外的物和服务上。

例如，目前在证券交易所里进行交易的股票，以及过去一直被认为在证券交易所里难以交易的土地、汽车和保险等，将其产权证本身虚拟化之后的所谓非比特币的比特币合同、智能合同（Smart Contract）等，都适用于"分布式记账区块链"的原理。

现在，证券交易所以买卖股票为主，等到将来证券交易所不存在的时候，所有交易都将像虚拟货币那样采取"分布式记账"的模式进行管理。

另外，债券是规模超过股票的大额交易，不在证券交易所里进行，而以"相对交易"的一对一电话交易为主，这里就更需要采取"智能合约"的管理模式。

如果土地登记证也用"分布式记账"进行管理，其流通速度有可能在私下里让白纸黑字的"不动产"——土地，从原来的一动不动转化为机动灵活的交易对象。

就我们身边的事例而言，最近技术创新成果显著，高科技的虚拟现实眼镜已经问世并开始流行。3D 虚拟世界的到来，也许是当前技术创新迈出的关键一步。

我在莫斯科的"虚拟现实吧"（Virtual Reality Bar）里体验过这种眼镜，栩栩如生的"现实世界"突然出现在眼前，令我大吃一惊，似乎被人冷不丁地抛到了古代埃及，在那个巨兽纷纷袭来的世界里，可以让人们身临其境般地感受到什么叫恐怖。

看来，再现现实世界里的某些场景是虚拟世界的强项，如果采用这种分布式记账系统，把伴随钱财交易的虚拟世界的所有权不断地记录在册，那么，现实中的金钱和经济的流动与虚拟技术的融合有可能进一步提速。

实际上，社会上应用"区块链"系统的迹象越来越明显。2015年秋，支付巨头"VISA"和"Docusign"联合推出了一个新的概念性证明项目——"区块链租车项目"，使用比特币"区块链"记录保管租车数据。这便是"区块链"原理在汽车租赁方面提高签约效率的具体用例。

顾客坐在驾驶席上，通过操作仪表盘的画面上显示的车内信息终端，便可完成租赁合同、保险合同以及结算卡登录等全部手续，实现无纸化办公。其结果是，签约效率明显提高，省去了以前书面签字和文件保管等一系列琐事。

这种签约模式不仅可以用于租车，同样适用于买车。也许将来会有那么一天，连汽车买卖、房地产登记，都能够使用这种"区块链"管理模式。

在普及这类服务的过程中需要一种通货。这种通货既能让顾客感受到结算便捷，又不妨碍他们对自己的行为动机做出决断。我认为，"区块链"需求的升温有助于虚拟货币真正登上社会舞台。

放眼未来，"电子合同"本身的作用也许会和钱一样，我们可以想象数字世界里"电子合同"之间的物物交换。到了那个时候，货币只是衡量价值的一把尺子，参与实际交易的是"电子合同"。

虚拟货币也可能导致泡沫破灭

纸币与 18 世纪同时诞生于法国的中央银行，到了 21 世纪的今天，随着数字化技术的普及已经明显沦落到有可能被个人电脑取而代之的地步。

说到未来的形势，人们对现行货币的不满将激起一场新的货币革命，让约翰·劳和中本聪成为历史罪人。

中本聪的本意应该是通过虚拟货币，从纸币中孕育出"智能合同热"，就像他当初孕育"比特币热"一样。

但我必须补充一句的是，需要注意其负面作用。

形同虚设的管控，会让有空必钻的市场需求得到满足，同时又让市场规模异常迅猛地扩大，这就是眼下的虚拟货币市场。

进而言之，超过实际需求，在虚拟现实世界里营造那种与"密西西比计划"如出一辙的赚钱神话，让人们怀揣约翰·劳的梦想。许多人都把自己的全部家当投入到这个美梦里，或许，这种近乎泡沫的现象也该出现了。

因为有比特币的信誉撑腰，在其基础上编造出来的近乎诈骗的故事又增加了几分可信度。不过，虚拟现实世界毕竟还有看得见的资产垫底，还可以继续为自己创造信用。

如果有人不按规矩出牌，蓄意制造虚拟货币的需求，盲目扩大信用，通过"智能合同"签订的物和服务价格暴涨，这个时候，我们应当警惕接下来必将发生的泡沫破灭，并及时采取应对措施。

这才是真正意义上的向历史学习！

第7章

非常时期安全理财的四种选择

理财的目的是为将来做准备

当今世界多极化趋势不断发展，地缘政治风险正在大幅上升。

生活在这样的世界里，我们不能只是望而生叹，而是应当采取各种方式去面对这种现实。

这是一个树欲静而风不止的时代。

各种风险对现实生活和工作的影响不必多说，在理财方面更是如此。既然当今国际社会中各种摩擦不断加剧，我们有必要采取不同于以往的理财手法。

如何在社会动荡的大环境里投资理财，第二次世界大战那段非常时期中有关钱的历史，会带给我们很大的启发。

选择一：用黄金保护资产

1998 年，在大西洋的深海里，人们发现了前日本海军的 I-52 潜艇。

这艘潜艇是1944年被派往同盟国德国以后失踪的，派遣目的是获取雷达、鱼雷快艇引擎等德国工业产品的再造方法，一批让日本引以为豪的优秀技术人员也搭乘了这艘潜艇。

除了技术人员，I-52 潜艇还载有从日本银行大阪分行的地下金库里搬出的两吨金块。

对于当时的日本来说，缩短与美国之间的军事技术差距，是左右战争进程的国家第一要务。当时身为盟国的德国属于技术发达国家，日本打算依靠来自德国的技术转移。德国理所当然地要求等价交换，向日本索求的正是在第二次世界大战的形势下也能够在国际上通用的货币——黄金。

　　当时的世界，亚洲地区处于日本占领之下，欧洲地区在德国的占领之下。但是在日欧之间有敌国苏联和英美占领区存在。外汇和资本市场的中心是伦敦和纽约，而且那里不可能替日德两国发行外债。因此，用潜艇秘密地运送金块，是轴心国日本和德国在资金筹措方面仅存的一个通道。

　　对于收货方的德国来说，从日本获得金块可以解自己的燃眉之急。因为德国正在因为钱紧而苦恼。

　　当时的德国为了提高炼铁质量，急需从西班牙和葡萄牙进口钨，还想购买罗马尼亚的高质油、土耳其的铬、瑞典的轴承和水银等，然而欧洲的这几个中立国在交易中都拒收德国的帝国马克，只收取黄金或瑞士法郎。

德国在发动第二次世界大战前夕的 1939 年 8 月底，黄金储备为 133 吨。但在后来，黄金储量逐年下降，1944 年减少到 30 吨。此时的德国，焦急地等待来自日本的这两吨金砖。但是，由于联络密码被盟军破获，I-52 潜艇遭到伏击后沉入海底。

于是，德国为夺取黄金开始采取强硬手段——大肆掠夺。

1970 年美国公开发表的数字表明，二战期间德国从占领区的各国中央银行以及犹太人手里非法征收并转移到瑞士银行秘密账户上托管的黄金储备达 500 吨。

日本在准备发动日俄战争和太平洋战争时，为筹措军需装备而储备的黄金为 600 吨。如此看来，美国披露的纳粹德国为筹集军用物资消耗了 500 吨黄金，这个数字还是比较靠谱的。

在战火纷飞的亚洲，日本也同样使用黄金大量采购军用物资。

日本从同盟国和中立国采购军需物资之际，瑞士法郎在亚洲并不通用，日本在与外国进行交易时主要使用黄金。

但是，日本没有像德国那样到处掠夺，而是通过国内各界的提供、开采和日本银行黄金储备的增加等方式创收黄金。

直到太平洋战争爆发之前，日本一直在向旧金山的美国联邦银行输送黄金现货，将其兑换成美元后采购重油等军需物资，据说这部分黄金的数量达到了 600 吨。想一想，日本 2017 年的黄金储量为 765 吨，不难想象当年日本持有的黄金数量究竟有多么巨大。

正是因为日本有能力大量采购军用物资，所以在太平洋战争中——虽说只是在开战初期——取得了前所未有的胜利。

查阅 1952 年"旧金山和约"生效时日本银行的账本，到二战结束为止，日本银行持有的黄金储备减少到不足 100 吨，估计在 90 吨上下。

日本银行的账本还体现了备战期间和战时所需军用物资的筹集情况。在太平洋战争和与中国作战期间，日本大约耗费了 750 吨左右的黄金。

常言道"乱世黄金"。人们对金子的需求不只限于第二次世界大战期间，处于战乱当中，或者预料到战争将要爆发的情况下，对黄金的需求就会大量增加。

黄金是永不变质的金属，象征着永远辉煌，最能满足货币所需的因素——"保值"。另外，它具备贵金属的性质，既不受国家破产等重大风险影响，又因其储藏量有限，比起政府和中央银行相互勾结无限发行的纸币，黄金仍然有其独到的"比较优势"。

在世界大战等国际风险不断升级的形势下，或者在不顾一切滥发纸币的战乱时期，黄金作为贸易通货，在人们的心目中尤为宝贵。但另一方面，黄金有分量重和体积大的缺陷。在这一点上，较之纸币，黄金又陷入了"比较劣势"。

选择二：用瑞士法郎保护资产

处于战乱中的欧洲，为了省去运输金块的麻烦，将瑞士法郎作为国际通货，主要用于开展国际贸易活动。

1815 年拿破仑战争之后签署的《维也纳和平协议书》，承认瑞士为"永久中立国"。其后的 200 余年，瑞士始终是一个恪守中立的国家。

瑞士充分利用位于欧洲中心的地理优势，保持中立，从而在欧洲建设性地开展商业活动，捞到了不少好处，得到这些好处的最佳时机是第一次世界大战和第二次世界大战时期。

由于坚持中立，瑞士不仅免遭战争的破坏，而且向交战双方的两大阵营出口军火，因而发了大财。尤其是第二次世界大战期间对德国的出口，给瑞士带来了丰厚的利润。

1939 年，德国入侵波兰，第二次世界大战爆发，瑞士立刻宣布中立，450 万国民中有 14% 的人应征入伍，准备迎接一场不期而至的自卫战争。当时，在德国与法国的边境线上，法国设置了名为马其诺防线的防御要塞工事，因此，德国准备采取迂回战术，取道瑞士进攻法国。而瑞士早有防备，迫使德国彻底打消了这个念头。

另外，瑞士还拒绝了同盟国对德国实行经济封锁的劝导，因为瑞士惧怕此举会给德国留下进攻自己的借口。瑞士已经从这场世界大战中看到了自己当初设计的作为永久中立国的商机，只要自己坚守独立，便可以逢凶化吉，转危为安。

其后，由于意大利的参战，法国向德国投降，结果在瑞士周围形成了一个由轴心国组成的包围圈。

处在这个包围圈里，瑞士向同盟国的出口业务受到限制，与1940年法国投降以前相比，出口额减少了一半，然而对轴心国的出口却是以前的3倍。因此，英国等同盟国国家纷纷发表声明指责瑞士。瑞士在经济政策上虽然向轴心国有所倾斜，但也注意到要兼顾两大阵营的利益平衡，同时加强自己的防卫体系，努力保持中立。

瑞士从德国进口煤炭、铁和食品，向德国出口铝材、化工产品和医疗药品。德国也期待瑞士为自己发挥更多的作用，比如让瑞士利用丰富的水力资源为德国供电，确保来自南欧的粮食途经瑞士运往德国的运输线畅通无阻。

但是比起上述领域来，瑞士给予轴心国最重要的协助是在自己最擅长的金融领域，当时瑞士不惜代价地帮助德国完成了金融行业的基础建设。

瑞士不断追加对德国的贷款，这部分资金被德国国防军用来采购瑞士生产的武器弹药。这么一来，瑞士逐渐成为德国发展战时经济不可或缺的国家。

尤其是摇身变为国际通货的瑞士法郎，对德国来讲成为刚需。当年宣布自己是永久中立国的瑞士，要求德国支付流通性高的国际通货——黄金，作为协助德国的报酬。当时瑞士也必须这么做，目的是不让同盟国怀疑自己的中立性，为此，德国从占领区犹太人手里征缴有价证券、贵金属，然后卖给瑞士，换取本国所需的瑞士法郎。

上述贵金属中，除了有从犹太人手里搜刮而来的黄金，似乎还包括比利时、荷兰、卢森堡、丹麦、挪威、捷克和奥地利等国中央银行储备的黄金。

瑞士从德国收购的有价证券大约相当于 5000 万到 1 亿瑞士法郎。此外，德国用来换取瑞士法郎的其他物品，还有他们从占领区低价勒索来的美术品等。

除了瑞士，平时对外宣称中立的国家还有奥地利、老挝、土库曼斯坦等国家，即使发生了世界大战之类的大规模战争，这些国家也始终保持中立。**但是，既是永久中立国的通货，又是国际上流通的硬通货，除了瑞士法郎，别无其他。**

经过了两次世界大战的考验，瑞士法郎的价值在世界上广为人知，将来一旦再有战争发生，我认为瑞士法郎仍然不会贬值。

选择三：利用与生命挂钩的产品保住资产

第二次世界大战期间，日本在金融和贸易方面也同样离不开瑞士。因为采购欧洲军火，获取欧洲战况情报时需向谍报人员提供的活动经费等都需要支付瑞士法郎。当时，一手承担日本外汇业务的横滨正金银行，其业务也包括负责筹集瑞士法郎。

战时的日本向瑞士提出"货币掉期交易"（Cross Currency Swap）的方案，将金条送到瑞士驻东京的使馆，以此为抵押，获得瑞士法郎的贷款；或者把金条卖给瑞士方面，在欧洲用瑞士法郎收款。但是，瑞士对轴心国每况愈下的战局早有警觉，一口回绝了日本的建议。

但后来，日本时来运转，一举解决了瑞士法郎紧缺的问题。因为同盟国向日本和瑞士双方提出建议，开辟一条运输线，以便向日本管辖的同盟国俘虏运送慰问品。

结果，瑞士在横滨正金银行的账户余额急剧增加。这样一来，日本即使不向欧洲派遣潜艇，也能够为派驻当地的日本外交官和军人提供充足的活动经费。

另一种说法是，在战争结束前不到一年的时间里，美、英、荷三国给日本的汇款总额多达1.156亿瑞士法郎，按照现在的物价水平是当年的5倍来推算，这部分汇款的货币价值相当于现在的700亿日元。

这件事告诉我们，即使在兵荒马乱的年月里，生命仍然高于一切。所以，这种向敌国提供资金的现象也就不足为奇了。在国与国之间，生命与金钱相比，最优先的还是生命。从这里可以看出，确保粮食供给，保护本国民众的生命安全，是一个国家的头等大事。

江户时代以前，日本的货币是大米，把粮食的地位抬到了代替货币的高度，这种现象在历史上也不足为奇。

与其等到打起仗来才开始为粮食而东奔西走，不如从平时做起，自己家里有个菜园子，至少也要和附近卖菜的、卖肉的搞好关系。可以说，当战祸降临的时候，相对于保命的必需物资而言，钱财反而陷入了"比较劣势"。

选择四：将手里的纸币从资产中排除出去

在太平洋战争前后，让日本耗资最大的是"侵华战争"。财政拮据的日本为了持续获得军用物资，推行乱建中央银行的办法。

"侵华战争"中的 1938 年，日本在华北地区成立了"中国联合准备银行"，1941 年又面向华中和华南地区成立了"中央储备银行"。

此外，可以列举的还有"满洲中央银行""内蒙古的蒙疆银行"，及南方地区的"南方开发金库"等。日本在中国占领区成立这些银行的目的是在这些地区发行和管理银行券。

当初，这些银行背后有可供他们使用的 54 吨黄金撑腰，而这批黄金是日本银行提供给横滨正金银行上海支行的。

可是没过多久，这些银行便纷纷改弦易辙，推出所谓的"货币互存制度"，即以日本银行核拨的"日银券"①为担保，发行当地货币的货币体系。

在实际运作中，"货币互存制度"含有一个致命缺陷，这就是，双方银行根本就抽不出这笔明文规定为担保金的日元。以这种有缺陷的制度为基础，各地"中央银行"所发行的当地纸币信誉一落千丈，结果在中国引爆了一场高达百分之三万的极端通货膨胀。

---

① "日银券"，作为中央银行的日本银行依法发行的日本银行券，简称"日银券"。

处于战乱中的国家，为了获得筹集军用物资所需的资金，往往瞄准货币发行的利益，采取极端稀释币值这种目光短浅、粗暴简单的做法。

回顾历史，经历战争的国家信用缺失时，总是落得一个纸币贬值、物价飞涨的下场。

1941 年太平洋战争打响时，美元对日元汇率是 1 美元约合 4 日元，然而到了 1949 年便定格在 360 日元，日元的价值已降至约 1%。

战争时期应持的理想资产

德国采取"以战养战"的策略，以掠夺等方式获得战时军用物资。而日本采取了所谓"货币互存制度"的隐蔽形式进行掠夺，加之国内黄金储备和日本银行的账务操作，从而达到了从外部筹措军用物资的目的。

战争爆发时，国家将强制性地把社会形态从平时扭转为战时体制，这是经过历史证明的事实。而且我估计这种情况在今后也不会改变。

在这种形势下，可信的资产及其保护手段有以下四种：黄金、不属于任何阵营的瑞士法郎、维持生命所需的粮食，以及拒绝持有滥发的纸币。

只要有利于打赢一场战争，就要倾其所有的一切信誉，并且将这些信誉发挥到极致，这就是国家的真实面目。

由于包括战争在内的不测事态随时可能发生，最重要的就是把自己的资产与本国货币分开。在非常时期，黄金和瑞士法郎或可成为您的资产投资的重要组成。

第8章

关于推演思维的若干想法

"推演思维"的三条轴线

我始终在强调，学习因果关系，预测世界未来，贯穿于我们学习历史的整个过程。而所谓"预测未来"，也可以比喻为"编故事"，即编写案例。

因此，"如果那样做的话，会出现这样的结果"，凡此种种的历史案例，将其作为一种知识不断累积起来，是一项非常重要的工作。

尽可能广泛而深入地分析世界上发生的各种案例，编出更多的故事，用已知知识去推演未来。

手里掌握的投资故事越多，未来世界出现在故事里的可能性也就越大。这种勇于编写投资案例的方法，我称之为"推演思维"（Simulation），而且每天都将其灵活地应用在自己的基金理财上。

　　顺便指出，在拙作《用钱换取情报——推演思维》一书里，我把"对世界的好奇心"、地理与政治相结合的"地缘政治学"，以及详细了解经济生活基础的"钱的历史"这三个支柱，列为编写案例所需的"推演思维"的必要因素。其中，"钱的历史"尤为重要。

　　下图是利用推演思维所描绘的未来印象图。

"推演思维"的三条轴线

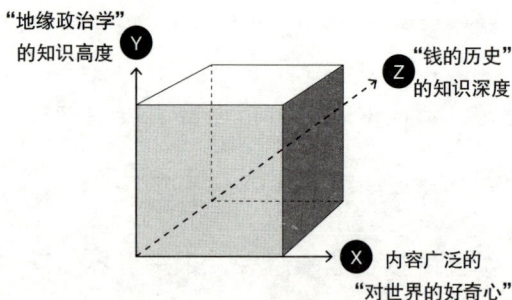

横轴(X 轴)表示国家的数量，即"对世界的好奇心"；

纵轴（Y轴）表示政治、军事的历史，指"地缘政治学"；表示前后进深的Z轴则是"钱的历史"。

由横轴、纵轴和前后轴组成的这个立方体，表示的是未来的社会。

比如，你以前只知道日本这个国家，那么，你所知道的国家数量为1，即X轴为"1"。再如，你对军事和政治的历史只知道全部的10%，Y轴的这个数字为"10"，如果对钱的历史一无所知，Z轴为"0"。

也就是说，你对每个轴知道得越多，这个立方体就越大，对于未来的样子，便有了多种选择可供思考。

这个立方体里包含的许多故事，都是历史上有案可查的客观事实，其核心内容都是有根据有出处的。脑子里的故事越多，说明自己所掌握的X轴、Y轴和Z轴的知识面越宽。

如果把这个立方体形象地比喻为一座城堡，那么，护城河是用"钱的历史"挖出来的，城墙是用"地缘政治学"筑起来的。对多国的"钱的历史"和"地缘政治学"的知识，了解得越多，这座城堡也就越牢不可催。

未来寓于客观而丰富的故事之中，预测结果也不止一个。掌握一种能够让自己编出许多故事，而且与未来结果基本吻合的思维方式，更是难能可贵。

一个既客观又引人入胜的预测结果，具有催人奋进的力量。

如果预示的未来将是一场悲剧，也可以唤起人们的恻隐之心，促使人们积极行动起来，防患于未然。相反，如果提示的未来充满希望，人们听到以后心里踏实，将朝着那个方向继续努力。

今后将是新兴国家的时代

小标题的这句话对于正想"跳槽"的人来说也同样奏效。

现如今，不应该选择那些社会评价高、人气旺的公司里就业，这和买进高价股是一个道理。

不如把精力放在寻找别人尚未发现的价值，以争取更多的利益。其实，找工作和投资股票这两种行为如出一辙。

目前，日本为卖方市场，就业率很高，这种环境注定了日本各行各业的工资均高于其他国家。然而，今后日本将逐渐改变自己的形象，从过去居高临下的所谓"大国"变成一个"普通"国家。

当然，从超长期循环论的观点来看，日本经济还有继续增长的机会。然而当今世界，一半以上的 GDP 是新兴国家创造的。时代的运动让创造世界附加值的旋转轴从发达国家向新兴国家偏移。

多极化即所谓的"G0"时代正在以"进行时"的节奏持续发酵，世界形势将发生巨大变化。"G0"这个词意味着国际社会的未来格局——组成"G7"的世界主要发达国家失去了领导力，G20 的作用也已经不复存在。这是美国政治学家伊安·布雷默在 2011 年阐述这种可能性时创造的词语。

所谓的"信用创造"，正在从这些新兴国家中不断产出。

在这种形势下，人们无法依赖偏居于发达国家集团一隅的日本，或是这个国家里的某家公司。

在日本从经济大国走向普通国家的过程中，也会出现类似明治维新后武士们的情形，脚下的梯子突然被人撤走，社会对人的评价标准从身份高低变成了实力强弱。像坂本龙马[①]和陆奥宗光[②]等幕府末期名为"脱藩浪士"那样成为自由职业者，也不失为一种切实可行的谋生手段。我觉得自由职业者才是下一个时代的新型劳动方式。

对于那些依赖公司或社会、缺乏自立精神的人来说，今后将是一个充满艰辛的时代。

这种情况单凭想象也能明白，人应该面向未来，从现在做起。可是在实际生活中却有许多人没有付诸行动。

把自立精神的培养放在一边，一切都仰仗公司，只知道埋头苦干，面对突如其来的下岗，顿感身陷绝境，那时才发现自己的大好时光和全部精力已经被掠夺一空，结果追悔莫及。

投资是对未来的一种想象，或者说，是在想象的基

---

① 坂本龙马（1836—1867）倒幕维新运动的活动家、思想家，与高杉晋作和胜海舟并称"维新三杰"。
② 陆奥宗光（1844—1897）追随坂本龙马的维新志士，政治家、外交家，曾出任日本驻美公使。

础上进行投资，这两句话的意思是一样的。大家一定不要只顾眼前，哪怕是稍微简单些也没关系，一边想象着未来的样子，一边反省现在的所作所为，其中也包括投资以外的各种行为，不知大家感觉如何？

投资、择业，离不开对未来的想象

我大学毕业以后，便进入了城市银行系统的投资顾问公司。若问我为什么没有直接选择银行，那是因为我希望自己从毕业后的第一年起就直接从事理财工作，而且越早越好。

当时这家投资顾问公司还是一个不受理存款的"非银行金融机构"（Nonbank），不如在城市银行上班有面子。不过，我非常看重自己想做的基金经理这份工作，所以

第八章
关于推演思维的若干想法

在这次择业问题上，我觉得自己是个大赢家。

实际上，也正是在第一年里，我在业务部门学会了如何填写和整理各种票据。当时还有一位同期入职的管理培训生一起接受理财业务培训，从第二年起我便能够在债券理财部开展短期理财等业务活动了。

我一上岗就接手了数千亿日元的资金运作，其后的第三年又被分配到证券交易部。到了第四个年头，我被调到外债理财部，这时的我已经完全可以胜任有关债券的全部业务，当初入职的心愿终于实现了。

再看看当初进入大型城市银行的那些大学同学，据说他们第一年骑着自行车到下属支行负责的地区跑来跑去，吸收存款。第二年以后，便开始为完成上面分摊下来的指标而奔波，且事事都要讨取上司的认可。

我还听说他们每隔几年就要调动一次工作，所以经常为处理职场的人际关系而苦恼不堪。

当然，在银行这种单位里，一旦熬过了初来乍到的磨合期，还是有机会与大企业联手干出一番大事的。但我个人认为，在此之前的基层锻炼，时间不宜过长。

"我什么时候才能熬到你这个份儿上啊！"——偶尔遇到老同学的时候，总能听到他们的满腹牢骚与种种忧虑。

具体到我本人，由于一直朝自己的愿望勇往直前，不断积累经验，所以全然没那种惶惶不安的感觉，而是在明确的目标下愉快而充实地度过每一天。

我认为，哪怕只有一个小小的愿望，一个小小的目标，也要努力想象自己的未来，看准最短的距离，并落实到具体行动中。

回到原来的话题上，投资正是对未来的一种想象，而具备推演思维的能力则是对投资行为的基本要求。比如，从山一证券的破产案例中也能够看出这一点。当时，我所供职的城市银行系统的投资顾问公司与山一证券同属于一家名为芙蓉集团的财阀集团，我每天都在电话里和他们打交道。

山一证券倒闭后，我连忙给他们打电话，结果对方已经乱成了一锅粥。他们也是刚从电视里得知自己的公司申请破产了。在公司没有下达任何通知的情况下，员工们昨天还在正常工作，今天和往常一样，又继续来公司上班，结果出现在大家眼前的是，供自己养家糊口的公司突然蒸发了，一向珍惜的家庭生活节奏也被这突如其来的变故彻底打乱了。

听到山一证券破产的消息，我们公司也人心惶惶，一转眼到了资金结算的期限。紧随其后的是投资信托核算基准价额的截止日期。

尽管我还是个新手，但也看得出资金结算一旦不能如期进行，就有可能发生所谓的"资金链断裂"，给金融体系带来前所未有的冲击。我记得当时后台事务部门的同事都沉默不语，办公室里安静得吓人。

现在回想起来，山一证券的破产完全属于"平成金融危机"的余波，这场大祸让我亲身体会到，一条道走到黑，不思进取，每天安于现状的思想是错误的。

从古今中外的历史中提取"驱动"（Driver）

"驱动"（Driver）是基金经理们一起开会时常挂在嘴边的一句行话。比如，在寻找刺激金融市场汇率波动的原因时，我们会这么问：现在的"驱动"是什么？

寻找长期"驱动"，就是所谓接近事物的本质。这里的"事物本质"相当于按摩时所说的穴位。

我们这些基金经理的主要任务就是寻找这个"穴位"，准确圈定"属于未来世界的驱动"。

但是在不同的时局下，这个"驱动"会有诸多变化，有时是利率，有时是石油价格走势，有时甚至是战争，所以将其圈定的难度相当大。

正因如此，发现"驱动"的要领也正是影响投资的因素。但是，在某种程度上，寻找"驱动"的重点线索已经被固定模式化，因为正如本书传递过的那句话——"历史可以重复"。

可以说，寻找"驱动"的过程正是基金经理们大显身手的最佳时机。当然也可以利用电脑分析圈定"驱动"，不过电脑分析很多时候不能令人释然，因为电脑解析所需的数据，仅仅是过去这100年间的"旧账"。

正是因为这一点，我们才敢这样说：在从中外历史中提取"未来"进行投资的过程中，孕育着获取大规模投资效益的源泉。

当然，在我们的运作过程中也包括有利于提高工作效率的窍门，这就是"着眼大处，着手小处"的思想方法。

"着眼大处，着手小处"这句话原本出自日本的将棋世界。所谓"着眼大处"，指的是以博大的胸怀、开阔的视野，把握事物的方方面面，而且善于看穿事物的本质。

"着手小处"的意思是仔细观察事物的细微之处，一丝不苟地实践每一项具体工作。实践过程中首先要学会全面看问题，确定大方向，然后落实到一点一滴的行动中。

或许还可以换个说法：用鸟眼把握事物，用鱼眼浏览世间潮流，用虫眼搜寻现场。

灵活处理好整体与部分之间、目的与手段之间的关系，对于捕捉事物的本质，即所谓的"驱动"，是一种非常有效的方法。

看来，当我们利用"着眼大处，着手小处"的思想方法去发现"驱动"、编织故事的时候，还是应该从解读国内外的经济史做起。

这种着眼于大局的观念，给了我们一个非常重要的启示。

"GO"的出现意味着"后冷战"格局的瓦解，继而进入一个多极化世界，在这个越来越不透明的世界里，俯瞰全局的意义变得尤为重要。

通过俯瞰全局，套用中外历史的模式，不断思索未来世界，这时候出现的若干种假说将给我们带来"意外机遇"。

在圈定"驱动"的基础上，以推演思维为核心的故事创作技巧将发挥不小的作用。如果能够编出各种案例，那么，一定会有更多的发现在等待我们。

比如，在观察汇率时，如果有一个事先经过推演思维编出来的案例场景，当 A 点向 B 点浮动的时候，我们便能够自然地想象出它的变化过程，预测到未来会有怎样的情况发生。

当然，这个变化过程也只是假设的。但是，这种假设可以成为一把尺子，帮助我们测量"意外机遇"。

我这么说，也许有人理解起来比较困难。让我们举例说明，公司内部开会研究某个项目的时候，有人说："A 部长看问题向来是入木三分，先去做个调查吧！"又有人说："老 B 这个人办事很有章法，负责草拟一份日程吧！"这种富有想象的建议，完全符合编写案例的套路。

认真思考不久以后的未来并且付诸行动，这是推演思维的基本要求。所谓"驱动"，指的是在通往理想未来的道路上起到"钥匙"作用的关键要素。

因此，关键在于如何找到最合适的"驱动"。

为此，我们离不开存有"驱动"的"抽屉"。

为了多增加一些这样的"抽屉"，满足编写案例的需要，我们必须从平时做起，有意识地培养自己的历史观，其培养方式是通过广泛阅读历史书籍，加强这方面的训练。

我与 SBI 集团合作创办了一个金融沙龙，希望为大家编写案例提供一些帮助。金融沙龙以提供国际信息为主，帮助大家在政治、经济、军事、生活等方面开阔眼界，增长见识，共创未来。如果您有兴趣，欢迎登录本书作者简历后附的官网。

结束语

今年冬天在莫斯科时，我看过一本名叫"征西日记"的书，是幕府末期一位武士写的日记。

1864年第十四代将军德川家茂进京时，这位武士作为"御前侍卫队"成员，跟随将军从江户来到京都，然后写下了这本日记。

日记里记录了他在京都停留163天的日常生活。

据说当时在京都，鼓吹尊王攘夷①的流浪武士们每天都到处杀人。将军在这个时候进京，应该是以长

---

① 尊王攘夷，日本江户时代末期以尊王攘夷为口号的政治运动。当时，幕藩体制危机严重，又面临外来侵略，要求改革幕政的尊王论和主张排斥外夷的攘夷论相结合，形成尊王攘夷运动。

洲^①为主的反幕势力发起的宫廷外交，成功逼迫天皇同意攘夷的结果。

顺便指出，这次"将军进京"本身是时隔229年之后的第一次，属于极为罕见的特例。

不过，这位武士在日记里丝毫没有描述当时京都的世道有多么险恶。而一位侍奉在将军左右、当时21岁的幕臣，每天和朋友厮混，你来我往于各自的客栈，把酒当歌、纵情欢乐的情形，在日记里却被描述得十分生动。

日记里记述，尊王派扬言暗杀将军的打油诗在京都街头流传，我看到这段文字时，不免吃了一惊。

早晨练功学习，白天逛街购物，到了晚上便和亲戚朋友们凑在一起，把白天买来的各种点心、鱼之类的拿出来，你送我这个，我送你那个，天天如此。有时候，大家结伴外出，到神社寺庙进香拜佛，游山玩水，每天

———————
① 长洲，江户末期到明治初期的藩名，今山口县一带。

过着家猫般的自在生活。这位武士当一天差，放三天假的日程安排，一直持续到日记的最后。

总之，日记完全读不出涉及政治的感想及对社会动荡的感受，完全无法让我感受到幕府末期危机四伏的时局。仅有的一点点描写是，武士在味道正宗的鳗鱼店里大饱口福后回家的路上，看到桥头横着一具被砍去脑袋的武士尸体。

其实，只有这一点点的记述才是幕府末期社会状态的真实写照。

时过境迁，回头再看的时候，你会发觉一个看起来动荡不安的世界，如果没有居高临下、俯瞰全球的本领，即使你恰逢其时、身临其境，也感受不到时局动乱的严重程度。

所谓切身感受，惯性思维占有很大的比重。看来，人们的心思根本不在诸如幕府末期伴随社会变革而发生的动乱上，却更容易放在如何一如既往地继续过着和平安逸的小日子上。

写到这里，我忽然从案上抬起头。窗外的俄罗斯，一派荒凉景象。一种超越时空的奇妙感觉油然而生，我不免生出番感慨，眼前真的是现实世界吗?

基金经理的身份，让我每天都要从海外向投资人汇报世界形势。回顾以往，尤其是从特朗普政权诞生前后的 2016 年起，我感觉日子过得飞快。

在欧洲，英国闹脱欧；在美国，特朗普政权诞生。在世界其他地方也转眼间冒出了许多以前人们连想都不敢想的各种事端。

面对如此纷杂的国际形势，我日复一日，不停地分析，不停地报告。尽管如此，还是有一种应接不暇、疲于奔命的感觉。

这本"征西日记"的正式名称是《御上洛御共之節

旅中並在京在坂中萬事觉留帳面》（此处为日文书名。——译者注）。

作者的战友为了缅怀已故的作者，将这本日记编辑整理，使之流传于世。这位武士作者名叫伊庭八郎，在留下这本日记之后于函馆战役中阵亡。

据说作者在戊辰战役中失去了一条胳膊，依然坚持转战全国，在最后的函馆战役中几经激战，最终自杀身亡。

至于这部日记以后的世界，未见描述，他会有怎样的感慨，也只能靠我们的想象。在我想来，或许就像他在京都坦然度过的快乐时光一样，他又不可回避地与战友一道，坦然投身到与官军作战的队伍中。

当前世界与幕府末期的社会形势相似，正在大踏步地朝多极化的方向发展，前景不明、混乱不堪的局面仍在继续。

在这种状态下，有一部分人跟不上时代变化，生活陷入困境。反之，另有一部分人飞黄腾达，一夜暴富。这便是称为"乱世"的时代特色。

回顾历史上的混乱时代，我发现飞黄腾达的人都有其相通之处，这就是与时俱进的思维和实际行动保持高度一致。这些敢为人先、出手果断的人，他们平时实践的思维方式，我在第八章里已有叙述。

第一，"对世界充满好奇心"。跨越空间，提高语言能力，开阔眼界，有能力在世界范围内寻找自己想做而且最值得做的事业。

第二，广泛了解"地缘政治领域"的知识。掌握那些尚未出现在表面，被埋没在深层的地理概念，锻炼自己对各国外交的洞察力。

第三，对"钱的历史"具备一定的造诣。把握因果关系的关键在于学习各国的经济和金融史。将历史上反映因果关系的典型事例作为一种知识积累起来，借以锻炼这方面的能力。

我每天都本着这三个方面的要点，在实践中完成编写案例的全部过程。这里所考验的是，对那些尚未出现的可能性是否具有丰富的想象力，"在已知 A 的条件下，如何导出 B 的结果？"

顺便指出，在日本历史上常用这种推演思维的人当属战国时期①的武将们。家臣们围坐在一起，研究战例，讨论如何对付敌人进攻，互相启发，学以致用，古人把这种做法叫作"诠议"。

在唯有出其不意才能称雄的"乱世"，诠议训练能够让武士们抢在敌人的前面，及时采取制胜行动，这种

---

① 日本战国时代（1467—1585 或 1467—1615），一般指室町幕府后期到安土桃山时代的这段历史。

训练效果对于武士们而言，生死攸关。

在思考时代内涵的时候，我想起这样一句话。

"政治家所能做到的，只有侧耳聆听历史之神的脚步声。如果听到了这个声音，必须立刻跳起来揪住神的衣襟。"说这话的人是德意志帝国的宰相俾斯麦，与伊庭八郎生活在同一个时代。

在时代潮流裹挟下的伊庭八郎，有他自己的人生哲学。勇于追赶时代潮流的俾斯麦，也有他的人生哲学。而我已经下定决心，在今后的道路上死心塌地追求后者。

如果读过本书的朋友们也能够以俾斯麦的精神，勇敢加入投资人的行列，我将感到十分荣幸！

最后，在本书出版之际承蒙各界人士的鼎力相助，借此机会，谨表示感谢！

家口直史

2018 年 7 月

图书在版编目（CIP）数据

　　一流投资家用"世界史"赚钱 ／（日）冢口直史著；王
冬译 . -- 北京 ：国际文化出版公司，2020.6
　　ISBN 978-7-5125-1121-7

　　Ⅰ . ①一… Ⅱ . ①冢… ②王… Ⅲ . ①金融－经济史－世界 Ⅳ .
① F831.9

中国版本图书馆 CIP 数据核字 (2020) 第 024632 号

北京市版权局著作权合同登记号：图字 01-0202-0337 号

ICHIRYU NO TOSHIKA WA「SEKAISHI」DE MOUKERU
by TADASHI TSUKAGUCHI
Copyright©2018TADASHI TSUKAGUCHI
Simplified Chinese translation copyright©2019 by Sinoread Culture&MediaCo.,Ltd
All rights reserved.
Original Japaneselanguage edition published by Diamond, Inc. Simplified Chinese
translation rights arranged with Diamond, Inc. through Lanka Creative Partners co., Ltd.
and RightolMedia Limited.

一流投资家用"世界史"赚钱

作　　者	［日］冢口直史
译　　者	王　冬
责任编辑	赖昕明
统筹监制	兰　青
美术编辑	丁鍈煜
出版发行	国际文化出版公司
经　　销	国文润华文化传媒（北京）有限责任公司
印　　刷	文畅阁印刷有限公司
开　　本	880 毫米 ×1230 毫米　　　32 开
	8 印张　　　　　　　　　　98 千字
版　　次	2020 年 6 月第 1 版
	2020 年 6 月第 1 版
书　　号	ISBN 978-7-5125-1121-7
定　　价	58.00 元

国际文化出版公司
北京朝阳区东土城路乙 9 号　　邮编：100013
总编室：（010）64271551　　传真：（010）64271578
销售热线：（010）64271187
传真：（010）64271187-800

纸币失信引起天下大乱

别人惊慌失措，自己闷头发财，泡沫破灭要如何应对